Angela Merkel
Daran glaube ich: Christliche Standpunkte
Hg. von Volker Resing

わたしの信仰

キリスト者として行動する

アンゲラ・メルケル
フォルカー・レーシング［編］
松永美穂［訳］

新教出版社

Original version

Angela Merkel
Daran glaube ich: Christliche Standpunkte
Hg. von Volker Resing

Japanese translation by
Miho Matsunaga © 2018

Published by
Shinkyo Shuppansha, Tokyo

目次

編者序文　プロテスタントとしてのアンゲラ・メルケル　6

I　信仰と告白　21

わたしの人生の模範　22
奇跡を求めない　39
信仰する心を養う　55
新しい教皇についてもっと知りたい　75

Ⅱ　宗教と一般社会　83
神はあやつり人形を望まれませんでした　84
政治的日常におけるカトリックの特色　93
宗教改革の精神を世界のなかに持ち込む　111

Ⅲ　ヨーロッパと世界　125
わたしたちのヨーロッパ人としてのアイデンティティは大部分においてキリスト教的なのです　126
平和は発展の母である　134

Ⅳ　社会と正義　149
どの時代も独自の賢明さを育てなければいけません　150

社会における人々の結びつき　161
地を従わせよ　169
未知の場所へ出て行く　191

V　難民危機とその結果　207

人々の連帯と開かれた社会とは矛盾しない　208
自律要求と自立支援による統合　227
信教の自由が持つ高い価値　234
訳者あとがき　244

装丁　桂川 潤

編者序文

プロテスタントとしてのアンゲラ・メルケル

フォルカー・レージング

アメリカ合衆国の大統領選挙でドナルド・トランプが当選したあと、よりによって「ニューヨーク・タイムズ」が、ドイツの連邦首相のことを「自由主義社会の守護者」と書き立てた。この称号は、これまでの伝統ではホワイトハウスの住人に与えられるものだったが、いまではアンゲラ・メルケルに委譲されるべきだ、と多くの人々が考えていた。その理由は一方ではメルケルの難民政策にあり、他方では、その称号がもはやアメリカ大統領にふさわしくない理由として、トランプが唱える障壁の建設と保護関税主義の政策にあった。メルケル自身は「ニューヨーク・タイムズ」の主張を「バカげたこと」と見なした。誰もたった一人で自由主義社会を守ることなどできないというのが彼女の見解だ。もちろん、そのとおりだ。

この称号は、メルケルに与えられたさまざまな名称のクライマックスであると同時に、彼女の経歴の転換点を際立たせている。メルケルはすでに、最強の女性として公認されてきた。かつては「コール首相のお手伝いさん」とバカにされ、前任者であるドイツ社会民主党（SPD）のゲアハルト・シュレーダーからも「彼女には無理だ」と嘲笑されたあの女性が、連邦首相の座に就き、とっくにシュレーダーより長い在任期間を務めているのだ。「財政の独裁者」、あるいは「優柔不断の首相」——新しいあだ名によって、「ママ」のイメージを作り、戦後ドイツの政治家として最も非凡なキャリアを歩んできたこの女性の像を浮かび上がらせる試みが、常になされてきた。

メルケルが政治家として送ってきた、息を飲むような浮き沈みの激しい人生は、二〇一五年以降の難民危機と呼ばれる政治的状況やそれを巡る議論によって、以前はとても可能とは思えなかった新たな段階に到達している。いまはまだ、彼女を歴史的に評価するための時間的隔たりが欠けている。現代という「集光レンズ」を通して見た場合、メルケルの首相としての特色はいまようやく本来の定義を見出したかのようである。彼女の時代が歴史書に書き込まれる際には、難民の到来とその統合というテーマがポイントになるであろう。しかし、それだけではおそらく不充分だ。難民というテーマは二年前に初めてメルケルの政治的地平に浮かんできたわけではないし、彼女の政治的思考全体から切り離して検討すべきものでもない。
しかし、呼び名という点ではまさにこの難民問題こそが、これまではほとんど見られなかったメルケルに対する拒否反応にもつながった。インターネットや路上で彼女に投げかけられる「裏切り者」だとか「ドイツの墓堀人」といった言葉は、反メルケルの風潮のなかではまだ害のない表現だ。メルケルにはこれまでも、ファンだけでなく敵もいたわけだが、この二年間ほど反対者の数が増え、その論調が厳しくなったことはなかった。そうした点でも、彼女の経歴に新しい局面が加わったことになる。

キリスト者としてのメルケルの位置づけも、二〇一五年以来あらためて大きく変化し、それぞれの見方によって新しいヴァリエーションが生まれている。多くの人々は、難民政策のなかにとりわけ彼女の信仰的確信が現れていると考えた。二〇〇五年の首相就任以来、カトリックの司教たちは常に彼女を誉めてきたわけではなかったが、いまやその賞賛の声は賛美歌のようにすら響いてくる。だが、メルケルの政治的振る舞いがまさしくヨーロッパのキリスト教社会の没落を促進していると考えて、彼女の退陣を声高に求める陣営のなかでは、事情はまったく異なっている。そうした人々の多くは、キリスト教民主同盟（CDU）のなかの反メルケル派やさまざまな宗派のキリスト教徒を取り込もうとする右翼政党「ドイツのための選択肢」（AfD）に駆け込んでいる。ここでは、メルケルのキャリアにつきまとってきた「彼女は宗教をどう思っているのか？」という問いが、さらにエスカレートしている。アンゲラ・メルケルの信仰は、公的な場では長いあいだ、ほとんど見えてこなかった。そうした個人的な信条はプライバシーに属する、と彼女は見なしてきたのだ。以前のインタビューでは、信仰に疑いを持っていると発言したこともあり、自分は神にたてつくこともある人間だと述べている。しかし、一九九〇年代の初めにヘルムート・コール内閣に入閣したとき、彼女はキリスト教民主同盟の福音主義作業部会の議長となり、それ以来定期的に福音主義教会大会に出席している。教会大会で聖書に関して彼女が語った文章も読むことができる。しかし、政治家としてのキャリアの過程で、キリスト者であることを見せない控えめな態度はずっと続き、強まってさえいった。彼女はベルリン大聖堂で説教者だった人間と、学生のころから親しくしていた。いまでもこの見事な礼拝堂の近くに住んでいる。「どうしてぼくたちの礼拝に来てくれないんだい？」と、この友人は尋ねたそうだ。祈っているところを人に見られたくない、というのがその答えだった。このように、彼女は私人としては教会を避けているのだ。

　だがその間に、彼女は以前よりも頻繁に宗教的な概念をスピーチで用いるようになり、くりかえし自分のキリスト教信仰を公言するようになってきた。「宗教は常にわたしと共にあります」。神学部の女子学生との公開対談で、メルケルはそんな発言をしている。信仰や教会生活が縮小しつつある社会では、首相が宗教に対してどのように振る舞うかによって大きな違いが生まれるということを、彼女はある程度学んできた。『クレド〔信仰告白〕』

という雑誌でインタビューを受けた際、メルケルはペーター・ゼーヴァルトとマルクス・ギュンターに対して、自分は定期的に祈り、神と個人的に対話するのだと語った。神に対して不満を述べるのではなく、むしろ自分自身に不満を抱き、神も彼女に対して不満があるのだと思う、とメルケルは述べている。シェーンブリックの敬虔主義センターに集まった青少年の前では、自分は「神の前」では連邦首相ではなく一人の人間だ、と説明した。この区別はけっして些細なものではない。

経験を積んだ東ドイツ市民であるメルケルは、牧師の娘として、宗教は非常に政治的な――社会主義政権にとっては都合の悪い――ことがらなのだ、と若いうちに感じるに至った。その限りにおいて、東西ドイツの再統一後、とりあえず信仰をまったく私的な問題として扱えるようになったことは、個人の自由を示すプロセスでもあった。しかし、首相になってしまうと私的な問題はほとんど存在せず、宗教的な帰依もけっして隠してはおけない。そのため、彼女の信仰はまたしても政治的案件となった。首相が行うことにはすべて権力の留保がつき、すべてが政治戦略と解釈されうる。そのような事情で、宗教についての彼女のスピーチも、信仰の問題についての個人的な反論も、常にそれと対応する解釈にさらされてきた。これほど情報が溢れているので、首相の信仰についていまさら何か決定的なことが言えるわけではないが、信仰が彼女の公的な活動のなかでどのように現れているか、彼女が信仰をどのように念頭においているかについては、いくらか述べることができるだろう。その点について、メルケルは以前よりもはっきりした態度をとっている。議員団との会議の際に感情を爆発させたのは、彼女の思考の素直な現れと見なせるだろう。メルケルはしばらく前に国会議事堂で、「信仰は当然伝えていくべきものです」と党員たちとの非公開の会合で語って聴衆を驚かせた。それは、一人の同僚の諦めに満ちたコメントへの反論だった。伝道しても意味はない、キリスト教は後退しているのだから、とその同僚は述べたのだ。首相でありＣＤＵの党首である彼女がまさに憤慨していた、と目撃者たちは報告している。人は当然、自分の信仰に対して責任を負わなければいけないのだ、と牧師の娘は珍しく戦闘的な口調で言ったのだった。「わたしの父が東でやっていることをごらんなさい」。信仰を伝えること。当時、彼女の父はまだ存命中で、大人のための信仰講座を開くことで引退後の時間を過ごしていたのだった。

メルケルは宣教師ではない。しかし最近ではドイツ政界において、世俗化が進行する中ではっきりと信仰について口にする有名政治家は、もうそんなに多くはない。『クレド』において、メルケルはキリスト者がふたたび、以前よりも多く「信仰について」語るべく求められているという「チャンス」について語った。その際、彼女は信仰告白には「ある種の明るさ」が伴ってほしいと述べたが、政治においてはその明るさを常に保つことは難しい、と言う。難民についての論争が始まった時期、ドイツのイスラム化が危ぶまれることに対して何をするのかという問いを向けられたメルケルは、ドイツ伝来の信仰以上に敬虔さを振りかざして近づいてくるイスラム教を、自覚的なキリスト教的態度によって迎えるべきだ、と驚くべき大胆な意見によって返答していた。「わたしたちにはキリスト者であると言う勇気があり、イスラム教徒と対話をする勇気があります」。よりによってスイスでの催しで、彼女はそんなふうに述べている。礼拝に行き、聖書を読むように、と彼女は呼びかける——そして、宗教的教養を身につけるように、と。

　メルケルは民主主義社会の自由なマスメディアにおいて、ときには人を呆れさせるほどクールで控えめな態度をとっている。連邦首相である彼女が一番好きな余暇の過ごし方は、ウッカーマルクにある別荘で夫のヨアヒム・ザウアーと二人きりでいることだ。それはまったく人里離れたところにある。脇に小さな湖があるだけだ。ベルリン市民が愛情を込めて「ダーチェ」〔ロシア語で別荘の意〕と呼ぶこの週末用の別荘を、彼女はもう二十年も前から所有している。そして近所の人たちは、メルケルさんは年をとってもほとんど変わらないと語るのだ。ただ現在は前よりもたくさんの警官がその村を歩くようになったそうだ。彼女は権力政治にまつわるあらゆる経験を積んできたように見えるが、それでもくりかえし政治活動のメカニズムや慣習から抜け出すことを好んでいる。たとえばカール・テオドア・ツー・グッテンベルク〔一九七一年生まれのキリスト教社会同盟の政治家で、メルケル政権のもとで国防大臣を務めたりもしたが、二〇一一年に出た自身の博士論文の剽窃疑惑をきっかけに政界を退いた〕のように外見の華やかさを演出することもないし、ベルリンの議場の平土間を絶えざる自己表現の場として利用することもない。彼女はときにはひどく人を寄せつけない態度をとる——

多くの人々がずっと前から、感情のこもった大演説を期待しているのだが。

ただ一つの点で、彼女は大多数の人々と共通している。成功したいと思っているのだ。そして事実、彼女は成功している。あるときメルケルが「南ドイツ新聞」の付録雑誌で、有名人たちからの質問に短く答えたことがあった。そのなかで、「海賊党」の政治家ヨハネス・ポナーダーの質問への答えは、要点をうまく捉えた気の利いた答えであり、彼女の精神的態度をうかがわせるものでもある。ポナーダーは次のように尋ねたのだ。「わたしがあなたの次の首相になると想像してみて下さい。就任するわたしに三つのアドバイスを与えるとしたら、それはどのようなものですか?」メルケルは簡潔に、まさしく預言者のように答えた。「ルター訳聖書の『箴言《しんげん》』十六章十八節です。『痛手に先立つのは驕《おご》り。つまずきに先立つのは高慢な霊。』〔「新共同訳」参照〕」

アンゲラ・メルケルを理解したいと思うなら、彼女が政治家になる以前の人生にも目を向けなければならない。彼女の出世はまったく尋常ではなかったし、現実とは思えないようなことだった。ベルリンの壁が開いたとき彼女は三十五歳で、ライプツィヒと東ベルリンで物理学を学び、博士号を取得していた。最初の結婚はすでに破綻していた。本来の意味での政治とはまだ何の関わりも持っていなかった。ベルリンの外れにある研究所で働いており――退屈していた。彼女が興味を持っていたのはコンサートや芝居だった。東ドイツ政権の青少年組織だったFDJ〔自由ドイツ青年同盟〕では、大学や研究所のレベルで宣伝部門の委員長を務めていた。それによって、与えられるはずがなかったカードが彼女の手許に来た。「わたしは東における自由のない体制を憎んでいました」とメルケルは語る。しかし、彼女は弾圧されないためにある程度はその体制に協力もしたのだった。独裁政治の下での生活と、その後の体制転換は、メルケルにとって生涯忘れられない経験となっている。彼女は問題から距離をとることができる。それは、メルケルの最大の強みであり、同時に最大の弱みでもあるのだ。

長年CDUと共に歩んできたある人物が、かつて次のような発言をした。「わたしにとってCDUは家族のようなものだが、メルケルにとっては一政党に過ぎない」。時が経つうちにメルケルも党員たちの感傷的な欲求を熟知するようになり、党大会ではときおりそうした欲求にも配慮するようになっている。しかし、傍流出身の政治家だと常に見なされている彼女は、けっして、たとえ選挙に勝利したあとでさえ、党の生え抜きになることはないだろう。メルケルがCDUで出世できたのは、寄付金スキャンダルによる深刻な危機が党内にあったからだ。コールとショイブレのあと、手垢のついていないメルケルという看板が党を救うだろうと、期待されたのだ。その当時、党の大物たちは、メルケルはワンポイントリリーフに過ぎないと考えていた。ところがそれは思い違いだった。彼女はCDUを根本から変えたのだ。党の近代化としてメルケルが構想した改革は、彼女のオリジナルというわけではなかった。コールの時代が続いたあと、多くの党員たちが新しい出発と覚醒を願っていたが、メルケルほどそれを徹底して実行できる人間はいなかったのだ。

　メルケルが率いるCDUは、ここ十年のあいだに政治の中心となる諸課題において、新しい道を選択してきた。原子力エネルギーからのすばやい転換は、ラディカルな歩みの一つであるが、それはCDUのなかですでに準備されてきたことでもある。CDUは今日、家族政策のいくつかの項目においては以前の社会民主主義者の方針を選択している。メルケルにとってはそれが問題の解決であった。彼女の党にとっては明らかな転換であるが、CDUの多くのメンバーは、コール時代にすでにこの変化を望んでいたのでもあった。「人生についての錯覚と決別する」と、以前のCDU首相ユルゲン・リュットガースは言ったものだ。メルケルにとっても、この政策転換はそれほど難しいことではなかった。というのも、彼女は個々の立場にそれほど固執しないからだ。たとえば兵役義務の廃止や最低賃金の導入に際しては、それがCDUの伝家の宝刀に触れることだと主張する者もいた。しかし、メルケルにとってはそれらは——場合によっては不可避の——見せかけの戦闘に過ぎなかった。

　CDUの核となる中身として、まずはC〔キリスト教〕がある、と言われている。これはもちろんこの党が自らに課している誓約だが、比較的信頼のおける防護壁でもある。しかし、CDUのなかでキリスト教的な要素はどうなっているのだろう？　キリスト教的な要素は何において測れるのだろう？　アンゲラ・メルケルはくりかえし、Cの要素が色褪せてきている証拠として、引き合いに出されてきた。胎児の幹細胞を使った研究や、中絶に対する彼女の態度のゆえである。とりわけメルケル首相が二〇〇九年に、聖ピオ十世会に属しホロコーストを否定するリチャード・ウィリアムソンとヴァチカンとの交流を批判して行った発言は、教皇批判と受け取られ、カトリック教会の一部で注目を集めた。メルケルに教会に対する尊敬の念が欠けている、とりわけカトリック教会についての知識が足りないというのがカトリック側の非難であった。しかし、彼女の行動に対する賛同の声もあった。難民危機と直面するなかで、彼女についてあれこれ書き加えることはほとんど滑稽にさえなっている。しかし確かなことは、メルケルがCDUをより実務的で扱いやすい組織に変えたことだ。それは脱イデオロギー化とも呼べるだろう。古いもの、伝承されたものからの方向転換もそこには見てとれる。それが常にキリスト教的な要素の放棄になるかどうかは、証明が難しい。

非キリスト教的なメルケルのせいで非キリスト教的なCDUが促進されているという非難は、循環論法である。しかしながら、まさにキリスト教的な文脈からも、彼女の政策に対して不満や反論がくりかえし出されてきたし、いまも出されている。難民政策の分野でさえ、メルケルはもともとの方針を離れて隔離政策をとるようになったと批判する声もある。メルケルはどれくらいキリスト教的なのだろう？　何と言っても彼女はカトリックではないし、そのことがかつてのCDUでは長いあいだ異例のことと見なされてきた。ヘルムート・コールがカトリックであることの自明性は、一部の人々にとっては判断の基準となっていたのだ。福音主義教会の牧師の娘であるメルケルの隠れた信仰は、それと比べれば疑わしく思われた。

メルケルにとっても、ローマから指示を受けるカトリック教会のあり方は同様に違和感のあるものだった。この間にメルケルは三人の教皇と会う機会があり、一人一人と独自の関係を持っている。二〇〇三年にヨハネ・パウロ二世を訪問したときには、彼女はまだ黒いヴェールを着用していた。彼女は、自分たち二人が「社会主義圏」の出身であるという点で、教皇との結びつきを感じていた。さらにメルケルも、教皇が支援するポーランドの自主労働組合「連帯」に共感していた。しかし、二人はイラク戦争については異なる意見を持っていた。ヨハネ・パウロ二世の後継者であるベネディクト十六世とは、彼がまだ枢機卿だった時代にすでに知り合っている。彼の知性に強い印象を受けたとメルケルは親しい人々にくりかえし語っているが、ドイツ出身の教皇とドイツの女性首相とのあいだには個人的な親近感は生まれなかった。

現教皇のフランシスコに対しては、メルケルは珍しく心を動かされたようだ。二人はこれまで何度もヴァチカンで面談している。難民危機が二人を精神のレベルで兄妹にしたように見えるかもしれない。二〇一三年、まだ教皇となって間もないフランシスコは、ランペドゥーザ島〔イタリア最南端の島、当時よく難民が漂着していた〕をお忍びで訪問し、難民問題を一般の人々の意識のなかに強く印象づけたが、それはドイツでも同様であった。地中海における難民の悲惨な状態は、それまではもっぱらイタリアの問題として認識されていた。教皇はそれを変えた。メルケルはそのメッセージを受け取った。二〇一四年と二〇一六年の新年のスピーチで、メルケルはこのテーマをまずその年の教書のなかに採り上げたのである。

メルケルにとっては、フランシスコは神学者としてよりも、外側からヨーロッパを見ているアルゼンチン出身の教皇として興味を抱かせる対象である。フランシスコは旧大陸をあまりに弱気だと見なしている。この大陸は、自分たちから子孫や信仰や自意識や革新力がなくなっていくのに、気にも留めていない、と彼は考えている。この主張が、メルケルの論証のプロットにもぴったり合うのだ。メルケルは好んで教皇の言葉をスピーチに取り込み、教皇の回勅を読むように勧めている。いずれにしてもメルケルは、コールやその他の前任首相たちよりも、聖書をしっかりと学んでいるのだろう。ただ、普段はそれに気づかれないだけだ。メルケルの演説の草案を書く人物が、聖書からの引用をスピーチに盛り込んだ際のエピソードが伝えられている。草稿に目を通したとき、首相は原稿の端にこんな校正の指示を書き込んだ。「ルター訳聖書を使ってください」。共同訳〔カトリックとプロテスタントの神学者が共同で訳した聖書〕ではなく、ということだ。これは違いを知る人でなければ言えない。キリスト教の基礎知識を前提に話をすることはますます難しくなってきている、とメルケルは嘆く。彼女自身には、その基礎知識がある。規律と冷静さ、変革への意志と柔軟性、自由への愛とキリスト教――これらすべてが、彼女を際立たせている。それゆえ、メルケルは人間としての核においては、プロイセン〔十九世紀におけるドイツ統一以前に強大であった、ドイツ北東部のプロイセン王国の特徴的な気質を受け継いでいるということ。質実剛健で規律に従う性質をプロイセン的と見なす〕のプロテスタントだと言えるだろう。

I　信仰と告白

わたしの人生の模範

一九九五年六月十四日ハンブルクにて、環境大臣として第二十六回ドイツ福音主義教会大会に出席した際の講演

一九九五年の福音主義教会大会におけるこの講演ほど、無防備かつ個人的にメルケルが子ども時代について語ったことはなかった。彼女は自分の模範となる人々について語っているが、とりわけ印象深いのは、自分が育ったヴァルトホーフの庭師についての描写である。厳しくて学問的だった父親とは対照的な人物で、メルケルにとってもう一つの拠り所であり、善良な自然愛好家だった。初期のこの講演原稿と、あと二つの聖書研究からは、メルケルの思考の世界を読み取ることができる。彼女が政治家になって間もないころのこれらのスピーチは、後の多くの講演録に比べると、まだそれほど慎重だったりあちこちに配慮したりということがないからである。

今日、ここでメインスピーチの一つをさせていただけることに感謝いたします。この教会大会のスローガンとの関連で「わたしの人生の模範」というテーマを与えられたとき、最初はちょっと難しいなと思いました。政治家としてわたしたちはたいてい、具体的事柄について、うまく達成できた任務について、ときにはうまくいかなかった任務について語るものだからです。しかし、自分の人生や、さらには自分が模範とする人々について語ることは、ひょっとしたら自分にはそんなものはないと言うことになるかもしれないし、難しいのです。にもかかわらず、何とか語ってみましょう。これは、教会大会のモットー「人よ、何が善であり、主が何をお前に求めておられるかはお前に告げられている」との関連において、とても興味深いテーマだと思うからです。この聖句はまだ続きます。「正義を行い、慈しみを愛し、へりくだって神と共に歩むこと、これである」〔ミカ書六章八節、新共同訳より引用〕。この聖句はミカ書のなかで、わたしから見ればかなりドラマチックで具体的な言葉によって、人間は多くの間違いを犯したと最初に告げられたあとに語られています。この光景を思い浮かべると、こう尋ねたくなります。模範と理想像はどのような関係にあるのだろうか？　わたしたちはキリスト者として模範的な像を持つべきだろうか？　そもそも像を持って大丈夫なのだろうか？

　このことについて、わたしにはまず「偶像の禁止」が思い浮かびました。「わたしは主、あなたの神、あなたはいかなる像も形も作ってはならない、それらを拝んだり仕えたりしてはならない。わたしは妬む神だからである」〔出エジプト記二十章参照〕。それに続く箇所では、人がもしあまりにも一つの像や偶像に依存するとどんなことが起こるかが描写されています。このことはわたしの目には、模範が硬直したものであってはいけないということを意味しています。それらの模範が神の代わりになってはいけない、わたしたち人間は神との関わりにおいて生きるように作られており、地上の像にしがみつくことは許されないのです。

一方で、「コリントの信徒への手紙　一」においては、次のようなことも書かれています。「これらの出来事は、わたしたちを戒める前例として起こったのです。彼らが悪をむさぼったように、わたしたちが悪をむさぼることのないために」〔十章六節〕。わたしの意見では、ここにはとてもポジティブな、模範についての解釈が示されています。模範〔ここではむしろ反面教師〕は、同じ過ちをくりかえさないよう、わたしたちを守ってくれるものです。「コリントの信徒への手紙」では、さらに次のような言葉が続いています。「これらのことは前例として彼らに起こったのです。それが書き伝えられているのは、時の終わりに直面しているわたしたちに警告するためなのです」。歴史とは――わたしの理解によれば――すでに起こったたくさんのことを示し、それがわたしたちの前例となるようにしているのです。わたしたちは歴史の流れのなかに植え込まれていますが、その歴史のなかで他の人々がわたしたちの前に過ちを犯し、わたしたちはそこから、自分たちも間違いを起こしうるという意識を持って、学ぶべきなのです。これがわたしにとって、心を落ち着かせてくれる聖書のメッセージです。

もし十七歳か十八歳のときに模範について尋ねられていたら、わたしは「もちろん、模範とする人はいるわよ」と答えていたでしょう。今回もう一度、まず最初に両親が一番重要な拠り所だった日々のあと、誰があの当時、自分の一番の模範だったのか思い出そうとしました。わたしは一人の庭師のことを思い出しました。わたしは、父が牧師だったため、ディアコニーによって運営される知的障害者施設で育ちました。彼はその庭で園芸を担当していました。障害者の人たちも庭仕事をしていたのです。退屈した人や質問がある人は、もちろん誰でもその庭師のところに行くことができましたが、わたしもその一人でした。まだ幼稚園に行っていなかったので、子どものわたしにはたくさんの時間がありました。この庭師はがっしりとした年配の男性でしたが、わたしは彼といるとき、心からの大きな信頼と穏やかさを感じました。彼にはいつでも時間があり、わたしはそれをすばらしいことだと思っていました。なぜならわたしの母にはいつも時間があるわけではありませんでしたし、父には全然時間がなかったからです。庭師にも本当はたくさん仕事があったはずなのですが、にもかかわらず彼はいつもわたしのために時間を割いてくれました。こうして、わたしは彼から、さまざまな実際的な話を聞くことができました。たとえばわたしは、どうやって花を移植すべきか、シクラメンを植え替えるにはいつが最適なのかを学びました。知的障害者の人たちと話す方法も、彼から教わりました。信じられないほど暖かく、信頼に満ちたいい雰囲気で、そこでは土のついたニンジンを食べることも、のんびりすることも許されましたし、一度などは紅茶を一口飲ませてもらいました。それは良いことでした。この男性がわたしのなかに、大地や地面、自然と結びついている感覚を目覚めさせてくれたのです。わたしは今でも――自分が持っているすべてのよいものと並んで――時間があるということがどれほど重要かと感じます。残念ながらわたしたちにはしばしば時間がありません。長いあいだ、わたしはこの庭師のことを思い出さずに来ましたが、最近はまたちょくちょく思い出すようになりました。

その後、小学校に入学したときにも、自分が模範とする人はいました。しかしそれはたいてい、わたしが以前から知っていた人たちでした。絶対に彼らのようにはなれないでしょう。流行歌手、体操選手、フィギュアスケートの選手、ダンサー、世界旅行者、マジシャンなど。彼らはそもそもわたしにはできないことをすべてやっていました。長いあいだ、わたしは彼らのようでありたいと願って過ごしました。彼らのようになるには何をしなければいけないだろう、といつも考えていました。これは、子どもにとって励みになる話ではありませんでした。

しかしそれからわたしは一人の人に出会いました。その人のすばらしい部分を、ひょっとしたらわたしにもできるかもしれないことと結びつけるきっかけがありました。それはマリー・キュリーです。まず最初に、彼女がポーランド出身であることがわたしの興味をひきました――わたしの祖父の一人もポーランド出身なのです。マリー・キュリーが生きていた当時、ポーランドは分割され、ロシアに占領されていました。ロシア軍の占領なら、わたしたちも東ドイツで経験しています。でもどうやら十九世紀のポーランドでは、占領の実態はもっとずっとひどいものだったらしいのですが。マリー・キュリーはそれからパリに向けて出発し、非常に貧しい暮らしをしながら女性として大学で勉強しました。それは十九世紀末にはまだたいへんな例外でした。彼女は物理学を学び、研究を続けて、ついにはラジウムという物質を発見したのです。彼女は自分がいいアイデアを持っていると固く信じていたので、この発見をすることができました。彼女は実験のためにチェコから何トンものウランを取り寄せ、どろどろになるまで煮て、夫と共に新しい物質であるラジウムの痕跡を見つけたのです。これは肉体的には信じられないほどきつい仕事でしたし、安全というわけでもありませんでした。ラジウムは強い放射能を持っているのです。しかし、彼女は実験を成し遂げました。彼女は大学教授になりました。「その傍ら」子どもも二人育てたのです。しかしフランス・アカデミーには入会を認められませんでした。女性であるために許されなかったのです。それでも一九一一年には、ラジウムの精製と大量産出を理由にノーベル化学賞を受賞しました。マリー・キュリーについてわたしの心に残ったのは、彼女の断固たる態度と持久力です。あるアイデアを信じ、たとえ一人であってもこのアイデアを追求し、多くの山や谷を越えていけば、いつの日かゴールに到達するのです。そのアイデアが正しければの話ですが。マリー・キュリーは自らのアイデアの正しさを確信し、最終的にそれを成し遂げました。

現在、わたしは政治家として働いていますが、この期間をわたしは人生の「第四段階」と見なしています。一度、大きな全国紙が有名なアンケートで「あなたは誰、もしくは何でありたいですか?」とわたしに問いかけたとき――これは間接的に模範を問う質問であり、「あなたは誰でありたいか？」ということなのですが――わたしは「何度生まれかわろうと自分自身でありたい」と答えることに決めました。十五年前だったら、このように答えるのはわたしにとって非常に難しかったと思います。その間にわたしは、自分が崇める人という意味での模範について述べるのはそれほど重要ではないと考えるようになりました。それよりも、行動においてわたしを導いているものは何かと問うことの方が重要でしょう。何が基本的なのか、自分は何を基準としているのか、なぜそれをするのか、そしてどのようにするのか？　今日のお話の準備をするなかで、自分が堅信礼のときに初めて自覚的に自分について考え、自分の行動にとって基本的に重要なものを明らかにしようと試みたことを思い出しました。わたしたちの堅信礼担当牧師はオープンな人で、堅信礼のときに唱える聖句をあらかじめ決めて指図するのではなく、わたしたちが自分で聖句を探すように促したのです。当時のわたしは、最初は牧師に腹を立てていました。聖書をよく知ってるのはわたしではなく牧師なんだから、聖句を選んでくれてもいいんじゃないか？　と思いました。しかし、彼はいくつかの手がかりをわたしたちに与えただけでした。というわけで、わたしは最終的に次の有名な聖句を選んだのです。「それゆえ、信仰と、希望と、愛、この三つはいつまでも残ります。その中で最も大いなるものは、愛です」〔第一コリント書十三章十三節〕。

信仰と、希望と、愛。これらが、かなり多くのものごとにおいて、わたしを導いていると思います。まず、信じるという概念について考えてみましょう。信じることや信仰について、わたしは二つの極端な例を経験しました。一時期、誰かが「それを信じる」というたびに、わたしはしばしば反感を覚えていました。東独の初期のころは、たとえばマルクス主義についてのディスカッションのときなどに、よくそういうことがあったのです。そんなに単純にマルクス主義を信じることができるなんて羨ましいな、とさえ思うことがありました。問いただしもせず、単純にそれを主張し、不安にもならず、疑わず、与えられた基準に従って行動する。しかしこの行動は他者を顧みないものでした。目的が手段を正当化してしまうからです。わたしが求めた聖句が意味しているのは、こうした種類の妄信ではないと思いました。

別の種類の信仰もあります。わたしはそのような信仰にときおり出会いました。その関連で、自分の体験を短くお話ししたいと思います。青少年担当大臣となったとき、最初の外国出張はイスラエルでした。わたしはイスラエルをかなり混乱した国だと思っていました。旧東ドイツではいずれにしても、ユダヤ人を話題にすることは少なかったのです。イスラエルと旧東ドイツのあいだには、郵便のやりとりさえありませんでした。そんなわけで、イスラエルはわたしたちにとっては未知の国であり、他方では非常に惹きつけられる国でもありました。わたしはイスラエルで、ガリラヤ湖畔にあるタプカ修道院を訪問しました。そこではエルサレムのベネディクト修道会が青少年育成の仕事をしていて、ドイツ連邦青少年省がそれをサポートしていたのです。修道士の方々が親切に出迎えて下さり、わたしたちはお互いにたくさんの話をしました。するとふいに一人の修道士が立ち上がり、わたしたちを外に案内しました。丘陵地帯に囲まれた風景のなかに実り豊かな平野があり、ガリラヤ湖がありました。その修道士は言いました。「ごらんなさい、ここからイエスは山を下りて湖畔に立ったのです。すぐ近くの入江で漁師のペテロに会いました。そこから少し行ったところで、五千人を養う奇跡が起きました。そこからイエスは船に乗り、あそこで嵐の日のできごとがあったのです」。

その言葉はわたしにとっては特別なものでした。わたしだって聖書を読み、ガリラヤ湖で何が起こったかを知っていました。しかし、現代に生きる人間がこれほど単純に、ここやあそこで聖書の出来事が起こったと信じている様子は、わたしを驚かせました。彼の言葉は、日々の生活のなかでこの修道士の仕事に大きな力を与えている信仰と関わっているに違いありません。ヨルダン国境付近という困難な条件のなかで若者たちと仕事をするにあたり、彼はその力を必要としているのです。この修道士が力を得るための源を持っていることは、その言葉から明らかでした。その修道士を羨ましく思いました。わたし自身は信仰に関していつもはっきりと確信があるわけではなく、ときには疑いも抱くからです。

先ほどの聖句の二番目の言葉、希望についてはどうでしょうか？　実はわたしは非常に楽観的な人間で、希望について考えるときにはいつも――一見矛盾するようですが――シシュポスの姿が頭に浮かんできます。何度でもくりかえし岩を山の上に転がしていこうとした人です。わたしはこの物語を、希望のない状況を表現するものではなく、たとえ本来の目標に到達できなくても、たとえ邪魔されても、誰かがまたその岩を上に転がそうとする話として解釈してきました。もちろんこの話を運命的に捉えて、すべてはどっちみち無駄なんだと解釈することもできます。でもわたしにとってシシュポスは、自分の人生経験ともつながる人物であり、希望を消し去ったりはしないのです。

希望に関してわたしが思い浮かべる第二のイメージは、ノアの洪水の話です。神は人間に不満を抱き、人間を裁いて罰を与えました。旧約聖書ではたくさんの罰が下っています。しかしそれでも人間はなんとか生き延びてきたのです。ただ、実際いつも続いていくように思えるとしても、今回も大丈夫だと簡単に考えることには慎重であるべきだと思います。神は洪水のときにノアに箱舟を作らせ、動物たちと共にノアをそのなかに導きました。そしてとうとう、鳩が山のてっぺんに行って戻ってきました。わたしにとって、これは希望のしるしがはっきりと現れている物語です。人間は過ちにもかかわらず生き延び、いつでも打開の道を見つけてきたのです。

一番難しいもの、それと同時に一番重要なもの、だからこそ難しいものでもあるのが、愛なのでしょう。私生活においても愛は簡単ではありません。しかし、聖書で言われているのは、もちろんそうした愛ではありません。聖書を少し読んでみれば、たとえば「ヨハネによる福音書」を読めば、どんな種類の愛が語られているかは明らかです。その愛は感情豊かな言葉から成るものではなく、冷静な行いのなかに現れます。愛は条件をつけず、恐れを知らず、相手に奉仕します。「あなたの隣人をあなた自身のように愛せよ」という掟は、わたしたち人間にとって重要な指針です。その掟は、まずは単純に、隣人を愛するべきだと教えています。人はそのことを早い時期に学ぶわけです。しかし、ときには隣人を愛せないこともわかっています。ここでは「あなた自身のように」という追加条項が重要だと思いますが、わたしはそれを二つの意味で解釈しています。まず一方で、この追加条項は、隣人と接する際に自分に当てはめるのと同じ基準を当てはめるように求めています。他方で、人間はそもそも自分を愛し、自分を信じ、自分自身を理解していなければ他者を愛することもできません。そのような状態でこそ、他者に歩み寄ることも可能になるのです。

こうした関連において非常に印象に残ったのは、ディートリヒ・ボンヘッファーの著書に書かれていることです。自己の明晰さへの問い、自分自身の受容、どこまで自分一人で進むことができ、結局はどこで神を必要とするのか。ここでみなさんに、『抵抗と服従』という本のなかから「わたしは何者か？」という詩の一節をお読みしたいと思います。この詩を書いたとき、ボンヘッファーは獄中にいました。そこでこう述べているのです。

「わたしは何者か？　彼らはしばしば言う、わたしが独房から、まるで城から出る領主のように落ち着き払って、明るくしっかりした足取りで歩み出てくると……わたしは、ほんとうに他の人たちが言うような人物なのか、それとも自分が知っているとおりの者に過ぎないのか？落ち着かず、切ない思いに駆られ、籠のなかの鳥のように病み、誰かに首を絞められているかのごとく、命の息を求めてもがいている。わたしは何者か、こうなのか、ああなのか？　今日はこの人間、明日は別の人間なのか？　わたしは彼なのか？　孤独な問いがわたしを嘲る。わたしが何者であろうと、あなたはわたしを知っておられる、わたしはあなたのもの、ああ神よ」。

わたしは思うのですが、愛はおそらく信頼からしか生まれてきませんし、それによって人は自分自身に対するある程度の明晰さに到達できるのです。しかし、誰かが自分を助けてくれる、自分を知り受け容れてくれるという自覚がなければ――少なくともわたしには――うまくいきません。わたしは歴史の一部であり、この歴史のなかに生まれ落ちています。間違いを犯すこともあるでしょうが、そのことは学んでいきます。そしてそれでも自分が何をするべきかについては、次のように告げられていることがわかっています。「愛を実践し、神の前に謙虚であれ」。しかしそれは――教会大会のモットーと同じく、言うは易しです。ですから、すぐに次のような問いが浮かんできます。その際に助けになるのは何なのか？　わたしにとっては、それが歴史というモデルであり、単に摸倣するのではなく、わたしなりに発展させていくことができる模範なのです。モデルとイメージとは、理想像でもありえます。ある思想が理想となることもありえますが、特定の状況に特定のやり方で対処したり、わたしを助けたりしてくれて、わたし自身の人生に刻印を残した人々が理想となることもあります。しかしもちろん、こうしたことがあるからといって、何をすべきか一人で見つけ出し、決断を下す必要性がなくなるわけではありません。

それだけに、教会大会のモットー「人よ、何が善であり、主が何をお前に求めておられるかはお前に告げられている。正義を行い、慈しみを愛し、へりくだって神と共に歩むこと、これである」は、とても高い要求でもあります。聞く分には簡単そうですが、日常生活では――模範やモットーがどうあれ――絶えず決断を下さなければいけません。わたしは政治の世界で、どうすれば正しく自分の責任を果たせるのか、しばしば考えこまざるを得ません。その考量を、一定の理解のもとに行っていますが、その理解の背景についてもときおり振り返っています。他の分野を例として挙げることも可能ですが、たとえば環境政策では、多くの問題に対して多くの意見があり、決断を下すのは時として簡単ではありません。そんなとき、ヘンリー・キッシンジャーの本を読んでほっとしたことがありました。どんなに良い決断であろうと五十一パーセントは正しく、四十九パーセントは間違っている、と彼は書いています。つまり、何かを選択する決断をした場合、それと同時に否定される選択肢もあるわけで、誰かにとっては不当なことになると、わたしにはわかっているのです。

いくつかの例を挙げて、はっきりさせてみましょう。いまわたしたち全員が気にしているテーマといえば、海上掘削基地「ブレント・スパー」の海中遺棄計画です〔シェル石油の海底油田の基地であった「ブレント・スパー」は、パイプライン完成後、洋上での役割を終えたとされ、一九九一年に大西洋への遺棄が計画された。イギリス政府はそれを承認したが、グリーンピースなどの環境保護団体から毒物や放射性物質を含んだままの遺棄に強い懸念が示された。結局遺棄は実施されず、シェル石油は当初予算を十倍以上上回る費用をかけて海上基地を回収した〕。わたしにとっては、この海上プラットホームの遺棄計画に反対の発言をするのは簡単な決断でした。しかし、シェル・ガソリンスタンドの雇われオーナーの一人は、もちろんまったく違う見方をしていました。彼は官庁に電話してきて、ドイツ政府は自分たちのしているることがわかっているのかと詰問しました。彼は、自分のガソリンスタンドの「シェル」という名前以外にはこの会社と関わりを持たないが、そのガソリンスタンドを修理したりして投資してきたと言いました。しかしいまや自分の運命はこの政治ゲームにかかっている。シェルへの非難が高まればガソリンスタンドが放火されることにもなりかねないと訴えたのです。そんなことになれば、誰もそれが正しいとは思わないでしょう。わたしはその後も自分で決断を下してきましたが、自分の決断が本当に配慮の行き届いたものかどうか、つねにもう一度考えることにしています。

そして、もはやそれほど簡単ではなくなった「ブレント・スパー」のようなテーマがあります。自分たちは正しい道を選択したのだろうかという疑いがわたしにはあります。北海環境保護会議でわたしたちは漁業についてのテーマをとりあげ、非常に環境破壊につながる海底を掘り返すような漁法を特に問題にしました。その漁法では、本来獲ることを許されない小さな魚たちも捕まえられてしまい、網目が小さいために逃げることができないのです。各国の環境大臣は、小さな魚を守り、海底を破壊しないために何らかの対策をとるべきだという点で意見が一致しました。

しかし、わたし自身の選挙区について考えるなら――漁師たちのいるリューゲン島もそこに含まれていますが――事情はまったく違って見えます。リューゲン島の漁師たちは、仕事を辞めなければならない、と嘆いています。リューゲン島でも、基本的にドイツ連邦共和国全体でも、漁獲割当量が少ないのでもう充分に漁ができないし、漁業でお金を稼ぐことがもはやできないのだ、と言うのです。

わたしは想像します。もし自分の選挙区の三人の漁師を北海環境保護会議に連れていっていたら？　その漁師たちは、よくできたとてもいい人たちです。彼らはわたしに何と言うでしょう、そしてわたしは何とコメントするでしょう？　もし彼らがいたら、わたしには次のようなことを言うのは困難だったでしょう。「いいですか、環境を破壊しないために、あなたたちは仕事を辞めなくちゃいけません。いまあなたたちはちょうど五十歳だけど、新しい職業に就くのは難しいでしょうね。ポーランドやロシアの漁師たちがやっていけるかどうかは、この際どうでもいいことです。いずれにしても、この漁法はもうやめましょう」。このような葛藤を抱えつつ、わたしは生きねばなりません。ある事柄について確信しているのなら、そんなに悪くはありません。しかし、漁師たちが次の選挙で別の議員に投票する覚悟もしなくてはならないのです。さらなる矛盾は、環境問題と生活水準です。わたしたちは今日たくさんのことを――特に先週は――空気の汚染、特にオゾン層への悪影響について議論しています。多くの人たちが、一定限度以上の有害物質を含む排ガスを出す車や浄化装置のない車は、走らせるべきではないと主張しています。しかしながらもちろん諸々の事情で、そんなに簡単に車の運転をやめることのできない人たちもたくさんいるのです――たとえば生活に車が欠かせない環境にいるシングルマザーなどです。空気汚染が進んでいるからといって、そのような決断を本当に貫き、個々のケースに――社会的弱者に対しても――当てはめることは、簡単ではありません。

ここでわたしたちは、非常に興味深い点に到達します。この点について、わたしたちは今後大いに考えることになると思うのです。それは次のような問いです。わたしたちが支出している資金はどう使われているのでしょう、そしてわたしたちは何のためにそれを出すのでしょう？　たとえば環境保護のためか、年金制度改革のためか、児童手当増額のためか、交通のインフラ拡充のためか。何のためにわたしたちはお金を出し、どのような配分を望んでいるのでしょう？

失業率が高くなったら、環境問題に耳を貸す人がいまよりずっと少なくなるだろうということはわかっています。失業の方が基本的な心配事になるからです。しかし、失業のような経済的問題が少し解決されれば、ふたたび他の問題が前面に出てくるだろうということも、はっきりわかります。それでも時として、決断を下すのは簡単ではありません。新しく建てる家にはエネルギー節約のために、いまより厚いガラス、いまより強力な断熱材を使うよう政令で定めるべきでしょうか？　理論的には問題ありません。しかし、そうなると次のように訴える人たちが現れるのです。「うちの子どもはまだ小さい。いまちょうど家を建てているけれど、余分な資金はないんだ。環境問題のためにもっと努力する必要があるからと言って、金を出し続けるわけにはいかないよ」。

というわけで、ほんのいくつかではありますが、わたしにとって決断を下すのが難しい、あれこれ考えなくてはいけない例をご紹介しました。しかしわたしは同時に、ためらっていてはいけない、決断を下さなければいけないということもわかっています。その際、いくつかのイメージや考え、信仰についての問いは、責任を持って決断し、その決断を守るための重要な方向づけとなり得ます。決断のなかには、数年経って初めてそれが正しかったとわかるようなものもあるからです。そのときが来るまでは耐え抜いて、批判や議論にもしっかりと応じていかなければいけません。それは、支えがある人間にしかできないことです。

何が良いことであり、何が神から求められているのか、自分にはっきりとわからない日があったとしても、次のことは確信できます。少なくともわたしが人生のなかで出会った人々、耳にした考え、自分の体験が、人は何をすべきかについてよりよく理解する希望を与えてくれたこと。それらの人々や体験が、自分が正しいと思ったことが本当に正しいのか、あらためて疑う能力も与えてくれたこと。そして、他者と向かい合う際にいつもそのことを考え、自分勝手にならないようにしてくれるということです。

奇跡を求めない

二〇〇一年六月十三日フランクフルト・アム・マインにて、CDU党首として第二十九回ドイツ福音主義教会大会に出席した際の講演

アンゲラ・メルケルは二〇〇一年のプロテスタント教会大会で、マルコ福音書の物語〔五章二十一節から四十三節〕を、安楽死と生命倫理について活発になりつつある議論を聖書の解釈と結びつけるために取り上げた。これは珍しく個人的な聖書へのアクセスであり、メルケルはその際、イエスの語ることを問いただし、その問いかけを自分にも当てはめ、最終的に政治的な意味づけに到達している。後に首相となるメルケルの聖書解釈に触れることのできる、めったにない掘り出し物のスピーチだ。

本日は聖書の解釈から始めたいと思います。それがいいと思うのです。教会大会は、キリス

ト教徒の生活にとっての焦点なのですから。生き生きとした精神、魂、人々、そして訪問者たちが集まっているしるしでもあります。大きな共同体の、ガソリンタンクのようなものです。教会大会は刺激を与えます。たとえばスローガンによって――今年の場合は、「あなたはわたしの足を、広いところに立たせて下さる」〔詩篇三十一篇九節〕です。

ひょっとしたらわたしが今日お話ししようとしているマルコ福音書第五章の記述は、このスローガン「あなたはわたしの足を、広いところに立たせて下さる」を具体化したものかもしれません。わたしたちは人間として、人生に何らかの見通しを持っています。人生を生きる責任があり、新約聖書で伝えられているメッセージを胸に刻みつつ、それを行うことができるのです。そこにはイエスのことが書いてあり、彼がどう行動したかが記されています。しかしわたしたちは、「広いところ」の境界についてもいくつかのことを学ぶのです。それは、マルコ福音書の記述にも当てはまります。これは、人間の無力について記している箇所です――人間の失望と、希望についてです――そして、わたしたちを奇跡と呼ばれるものと対峙させます。奇跡など理解しがたいと思っている人がたくさんいます。わたしたちはさまざまなことについて驚嘆しますが、本来的な意味での奇跡はわたしたちの人生やその計画のなかには起こりません。

マルコ福音書五章二十一節から四十三節には、ふしぎな物語が書かれています。みなさんがどう思われるか、わかりません。これは厳しい物語でもあると、わたしは思うのです。イエスはあたかも話の二つの筋のあいだを縫って進んでいるかのようです。そして、人間の感情や、回りに押し寄せる人々のことが問題になるたびに、彼は「本質的なことに集中せよ」と警告するのです。

この物語の主要な登場人物に目を留めるなら、まず女性と女の子が出てきます。十二年ものあいだ出血が止まらない女性。そして病気になり死にかけている少女。女性は治りたいと思い、いろいろな医者にかかりました。いたるところで助けを求めました――でも、無駄でした。いまや彼女は、助けてもらえるとしたらイエスしかいないと考えます。彼女はびっしりと取り囲んでいる群衆のあいだを抜けて進んでいかなければいけません。死の床にあるヤイロの娘には何もできませんが、この女性は行動することができ、また行動しなければいけません。女性と女の子の物語を結びつけるのは、イエスが彼女たちと出会われたという事実です――人生の友として、未来の保証人として。その未来について二人は、自分たちにはもうそれが与えられないかもしれないと考えていました。

しかし、第三の登場人物も――イエスと並んで――見落とすべきではありません。それは会堂管理者のヤイロ――評判のいい市民の一人でした。しかし彼は、そのような市民としてこの物語に現れるのではなく、一人の娘の父として――生命を脅かされている娘の父として登場します。事態は緊迫しており、どうしても助けが必要だと父親にはわかっていました。そこでヤイロは、まっすぐイエスのところに行ったのです。彼はイエスの力を信じているように見えました。そのことが、彼の存在を興味深いものにしたのです。イエスを取り巻く多くの人たちは、とっくにイエスを疑うようになっていたからです。しかしヤイロは、まっすぐイエスの許に向かっていきました――もし誰かが娘を救えるとすれば、それはただイエスのみだという固い信念がありました。希望のない状況のなかでも、イエスを信頼していたのです。あれこれ試す時間はないのだとヤイロにはわかっていました。そこで、イエスの前に身を投げ出しました。信頼と希望と――不安を抱いて。差し迫った事態でしたので、イエスは急がなければいけませんでした。娘はいつ死んでもおかしくなかったのです。

すると、はらはらするようなことが起こります。この緊急事態のなかで、突然別の物語が始まるのです。父親がイエスと一緒に、娘が死の床にある家に向かっている途中に、出血で苦しむ女が彼らと出会います。この場面がどんなに劇的か、想像が追いつかないほどです。群衆のせいで、彼女はなかなか前に進めません。人々は「間に合うのか？　死ぬ前に到着できるか？」とささやき合っています。そしてようやくヤイロの家に到着したとき、恐ろしいニュースが聞こえてきます。遅すぎた、娘は死んでしまった。イエスを信じていた人々も、「死んだのか、それじゃもうダメだ」と考えます。希望が芽生えていたのに、いまでは諦めが支配します。「お父さん、これ以上何を先生に求めるのですか？」わかりやすい言い方に直せば、「イエスさまには帰っていただきましょう、いまはもう、できることは何もありませんから」ということになります。すべてが無駄だったように見えます。死は決定的です。運命だとわたしたちは言うでしょう。それに反論する者はいません。

ただ、イエスは違います。こうした諦めの雰囲気のなかで、彼は次のような短い言葉を口にします。「恐れずに、信じていなさい」。わたしたちはみな、この「恐れるな！」という言葉を知っています。クリスマスの物語で、羊飼いたちに出会う天使は「恐れるな」と言います。わたしたちは恐れてはなりません。教会大会のスローガンが「あなたはわたしの足を、広いところに立たせて下さる」ということであるなら、それは同時に次のような要求も突きつけてきます。「恐れを取り去りなさい！　恐れずに、この広いところを眺めてみなさい。この空間で、何かをし、何かを動かそうとしてみなさい。恐れないで！」クリスマスの物語では、続きはこうなっています。「ご覧なさい、わたしはあなたがたに大きな喜びを伝えます！」聖書はいつもこうなんです。諦めや恐れがあるとき、どうすれば前に進めるかわからないとき、聖書は現状と反対のことを告げます。「恐れるな」だけではなく、「あなたがたに大きな喜びを伝えます！」と。

このような緊張状態に耐えられるのは、信仰を少しでも持っている人だけです。信仰のない人は、イエスの言葉をまったく場違いに感じるでしょう。人間の性《さが》として、少女の死にまつわる悲しみが怒りに変わることも充分予想できます。このような状況のなかに誰かが来て「恐れるな」と言う――これが、この物語の過酷なところです。イエスは一緒になって泣いたり呟いたりしません。人々の感情の吐露をいささか軽蔑し無視するようにさえ見えます。人々の痛みや苦しみは充分理解できます。イエスはそれを、「娘は死んだのではない。眠っているだけだ！」と厳しくはねつけます。何日も娘の枕元に座って病気の経過を見守っていた人々にとっては、とんでもない話です。彼らは娘が死んだことをはっきりと知っているのです（少なくとも知っていると信じています）。ところがイエスは「眠っているだけだ！」と言います。人々がイエスに対して腹を立てるのは当然です――この男は何も知らないくせに割り込んできた。これまでの少女の苦しみを見たわけでもないのに、わけのわからないことを言っている。

物語はこの箇所で、たいへんな緊張に達しています。生と死の境――今回の教会大会にも非常に関係のあるテーマです。遺伝子工学やそれによって生じる倫理的問題について、たくさんの議論がなされています。そうした議論はとりわけ、生命の始まりに関わっています。しかしほんの数週間前、オランダで安楽死幇助を認める法律が制定されたことと関連して、生命の終わりについての集中的な議論が行われたことは、みなさんもご記憶でしょう。この議論は将来も続くでしょう。ドイツ連邦議会では、数年前に難しい法律を発効させました。臓器移植法です。当時問題になっていたのは、「人はいつの時点で死んだと認められるのか？」ということでした。生命の始まりについては胎児保護法で、卵子と精子が合体したとき、と正確に定義することができました。それに対し、生命の終わりについての法律では、脳死と臨床的な死とのあいだに小さな隙間があります。それは、この期間のあいだのみ、体から臓器を取り出すことができ、それによって他の人間の命を救えるからです。今日、移植前診断や幹細胞をめぐる議論に参加している多くの人たちは、生と死の境についての当時の議論を追っていました。それは良いことだと思います。実際、生命の始まりと終わりを合わせて考えるのは意味のあることだからです。両者は互いに密接に関わっています。ここで、わたしたちは広い空間の境界線にぶつかるのです。

わたしたちの足は「広いところ」に導かれていますが、この広い空間には境界線があります。この境界線は神によって破られる――これが、この聖書の物語が言っていることです。しかし、まさにその点において、この物語は読む人を落ちつかない気持ちにさせます。少なくともわたし自身は、理性や経験に反して「いや、その子どもは死んでいない、眠っているだけだ」と言うことに抵抗があります。それを信じようとしないヤイロの家族の腹立ちは、充分に理解できます。

イエスはしかし、確信に満ちた足取りで、三人の弟子と娘の両親と共に娘の部屋に入っていきます。そしてイエスがわずかな言葉しか発しないことで、聖書はまた読者を驚かせるのです。「娘よ、あなたに言う、起きなさい！」イエスは大群衆の前でショーを見せたりはしません。静かに娘の部屋で行動します――娘のことを深く心にかける人たちに囲まれて。そして、イエスは娘を助けます。死を生に変えるのです。娘は起き上がります。

ここで物語は、わたしたちが次のように言うポイントに到達します。「信仰は山をも移す。奇跡は起こりうる」。しかし、わたしは警告とともに、「わたしたちには奇跡を要求する権利はないし、奇跡を当てにする理由もない」と付け加えたいと思います。ひょっとしたら、わたしがこの物語に不満を抱く原因は、そこにあるかもしれません。これはとてもポジティブな物語です——しかしわたしたちは誰でも、死んだ人はもう決定的に死んでいること、生き返らせることはできないことを経験から知っています。だからこんな物語はありえない、と言うのではありません。マルコが語っているように事態が推移したことを疑うわけではないのです。ただ、たとえ信心深い人であっても、この話を読んで同じような奇跡を期待するのは不可能だ、と言いたいのです。この物語は、自分は正しく信じていると思う人間が、それほど熱心にそう思っているわけではない人よりもいい扱いを受ける、と教えているわけではありません。というのも、まさしくこうした考え方の背後に、正しく信じるならば自分にも良いことが起こるはずだという、神への要求が隠されているからです。この物語の主人公たちは——聖書の他の物語に出てくる多くの人々と同じく——神への信頼で輝いていますが、けっして要求を突きつけてはいないのです。

この物語でわたしが一番好きなのは結末です。娘は起き上がります。誰もが驚き、褒め称え、話し始めますが、そこでイエスが単刀直入にこう言います。「彼女に食べる物を与えなさい」。まず最初に一番大切なものを与え、あれこれ余計な世話をやかない。そのことが、わたしを感動させます。

この聖書箇所の枠となる物語については、これくらいにしておきましょう。しかしこの枠のなかでは、別のことも演じられています。十二年間、出血が止まらずに苦しんでいる例の女性の物語です。みなさんもご存じのように、聖書に出てくる十二や七や四十という数字は、たいていは神聖で象徴的な数となっています。この場合も同じです。十二年というのは永遠のように長い、克服しがたい時間を意味しています。この女性の人生は、この恐ろしい病気に徹頭徹尾影響されてきました。血は、ユダヤの文化では生命を意味しています。生命が宿るところ。それゆえ出血は、生命の流出のようなものです。この女性からはくりかえし生命が奪われたのでした。出血は恐ろしい病気の象徴でもあります。旧約聖書レビ記の十五章にこの病気のことが記されているのを読むならば、この女性がどれほどの苦しみとともに生きていたかを感じることができます。そこに書かれているのは次のようなことです。

「もし、生理期間中でないときに、何日も出血があるか、あるいはその期間を過ぎても出血がやまないならば、その期間中は汚れており、生理期間中と同じように汚れる。この期間中に彼女が使った寝床は、生理期間中使用した寝床と同様に汚れる。また、彼女が使った腰掛けも月経による汚れと同様汚れる。また、これらの物に触れた人はすべて汚れる。その人は衣服を水洗いし、身を洗う。その人は夕方まで汚れている。」〔レビ記十五章二十五〜二十七節〕

わたしがこの箇所を朗読したのは、どんなことが病気と見なされるのかを容赦なく示すこの明解な言葉が、今日の病気との付き合い方と鋭いコントラストをなしているからです。わたしたちは、まるで健康な人の共同体しか存在しないかのようにふるまっています——少なくとも、自分がその共同体に属せるように、あらゆる努力を払っています——そして、病気の人や弱者をいわゆる健常者から引き離し、選別して、専門家の世話に委ねるのです。病気やその苦しみの現実を目撃してしまった人は、しばしば拒否反応を示します。いま、それを見なくちゃいけないのか？　こんなことまで直視させられるのか？　いずれにせよ、現実はごまかせません。重い病気が存在します。大きなチャレンジです。健康な人は、自分の人生を自由に形作れるのは——わたしたちの足が導かれた広いところを踏破するのは——当たり前のことではないのだと、日々新たに自分に言い聞かせるべきです。別の状態もありえるのだということを、けっして忘れるべきではありません——人生は美しく完璧な面だけを持っているのではないのです。そのことを常に意識のなかに呼び起こすことがとても重要だと思います。なぜならそれによって、人生の展望を狭めずにすむからです。病気とは何か、障害とは何か、そもそも通常の「人生」において、どれだけの病気や障害に耐えられるのかとわたしたちが問うとき、狭い展望のままでいることは許されません。

そのような問いが気になるのは当然です。そう問うことで、病気と健康とを軽率に区別せずに済むのです。それに対し、障害や病気によって他人を排除してしまう人は、最後には予想以上に早く、自分自身がもはや健常者・強者のカテゴリーに属さないという体験をするかもしれません。だからこそ、わたしたちが人生を総体として受け容れ、一緒に担っていくことがとても重要なのです。そして、だからこそ、他の人々の病気や苦しみの前で目を閉じてしまわないことも重要です。

聖書の話に戻りましょう。この女性を苦しめている病気の影響は、はっきりと目に見えるものです――彼女自身にとっても周囲の人々にとっても。周囲の人々は、汚れたものに触れてしまうのではないかと、大いに不安に駆られるのです。彼女はタブーの人生、汚れた人生を生きています。彼女は目に見えない標識に囲まれています。その標識には「わたしに触らないで。さもないと汚れがうつるから」と、警告の言葉が書かれています。ずっとこんな信号を――しかも自分が愛する人たちに対して――送り続けなくてはいけないなんて、ぞっとします。誰もが求める親密さや人との結びつきを、他の人に迷惑をかけないためにいつも避けなくてはいけないというのは、恐ろしいことです。この女性があちこちの医者を訪ねて回り、何とか治してもらおうとしたのも不思議はありません。

いつも気を使わなければならないそのような状況は、人間にとって屈辱的なものです。遺伝子工学について論争する際、わたしたちはそのことをいつも念頭におかなければいけません。わたしたちはときおり迅速で明瞭な答えに到達しますが、人々の実際の苦しみは続いているのです。わたしたちは神から、苦しみを減らし、病人を助けよと命じられなかったでしょうか？　この女性が行うのは、病気と闘うのはごく自然で、神も望んでいることではないでしょうか？　この女性が行うのは、それ以上でも以下でもありません――医者から医者へ。人間の歴史は、その折々の病と少しでもうまく付き合えるようにする試みの集積にほかなりません。そのためにわたしは、遺伝子工学がもたらすチャンスとリスクについての議論を、治療の倫理を忘れてしまうような極端な方向に導かないことをお勧めします。思うに、遺伝子工学の限界は、他者の人生に介入するところに生じます。それは許されません。はっきりしているのは、誰かの健康のために他者を道具として使うことがあってはいけないということです。

しかし、一般論としては穏当であることが、個々のケースにおいて厄介だというのはよくあることです――たとえば、愛する人の命を助けられるかどうかが問題になっているときなどです。こうしたことを考える際、わたしはあるアメリカ人夫婦のことを思い出します。彼らのことが頭から離れません。この二人には、治療の見込みがない血液の病気にかかった一人の子どもがいました。七歳くらいで死んでしまうだろうということが両親にはわかっていました。二人は二番目の子を作ろうとしました。すると、この二番目の子によって――もしこの子が健康ならば――一番目の子も助かるかもしれないと言われました。しかしこうした展望は、二番目の子どもの出生前診断を受けて、臍帯血が上の子の治療に使えるかもしれないことがわかったからでした。すべてはうまくいき、この両親にはいまや願いどおり二人の子どもがいます――そして二人とも健康です――出生前診断と、それによって起こりうる胎児選別のおかげで。

この例をみなさんに示したのは、出生前診断を生命倫理的なルール違反としてまったく拒否することが妥当なのかどうか、わたしが大いに迷っていることをわかっていただくためです。

この診断が生死に関わらないときにまで使われることになるのは、わたしにとって受け容れがたいことです。ですから、「先走りはしない」と言って下さるすべての人を尊重します。しかし、同じように、生死に関わらなくてもこの診断を受けるべきだという人も尊重しますし、愛する家族の命を救うために出生前診断を拒絶しない人のことも尊重します。

聖書のテクストに戻りましょう。長血の女性は困難な人生を送っていました。病気を治そうと、あらゆることを試みました。そのせいで貧しくなりました――わたしが思わず話を脱線させたくなる状況です。今度はドイツの健康保険制度の話です。しかしこの誘惑は退けて魔術のようなこの場面にとどまることにしましょう。この女性は、イエスが現れたことを感じとります。彼女は群衆を掻き分けて進まなければいけません。イエスが助けてくれることを知っているからです。この確信は、合理的に説明できません。しかし、このようなことが自分の人生にも起こりうると想像することはできます。どこから来るのか誰にも説明できない直感的な確信というものがあるのです。直感はただ訪れるのです。そのようにして女性は群衆のなかに道を見出し、イエスの衣に触れます。本来は自分の汚れのせいで誰にも触れることを許されないのですから、とても慎重にふるまいました。それでも衣に触り、イエスは自分から力が出ていくのを感じました。イエスは尋ねます。「誰がわたしに触ったのか?」回りの弟子たちは、「どうやってこんな群衆のなかで、あなたに触った人を見つけようというのですか？　無理な話です」と言います。しかし、イエスは触られたことを感じています。そしてあの女性も感じています――二人の人間同士によくある状況です。何百人という人が周りにいて、「我々はすべてを見ていたが、何もわからなかった」と言う。そういうことがあるのです。

この女性は、自分に何かが起こったと承知しています。健康になったのです。彼女は身を投げ出して感謝します。そしてイエスは？　彼はまたしても短く、素っ気なく話します。「わたしがあなたを癒したのではなく、あなたの信仰があなたを癒したのです」。それは予期せぬことでした。しかしイエスはそれを明らかにします。信仰は山をも動かし、合理的な物事が進んでいれば不可能だったはずのことを可能にします。でも、だからこそこの物語は難しいのです。少なくともわたしのような人間は――そしてわたしは、そう感じるのは自分だけではないだろうと推測します――どうしてそんなことが可能なのか、知りたいと思います。ひょっとしたらわたしが物理学を学んだとき、すべては何らかの方法で説明可能だと信じたからかも知れません。聖書のこの物語は正反対のことを教えます。人はすべてを説明することはできない。わたしもこの歳月のあいだに、「ありがたいことに、人はすべてを説明することはできない！」と言えるようになりました。この物語で特に好きなところをまとめて、話を終えたいと思います。三つあります。第一にこの物語が、人間は努力する必要はない、何か不思議なことが起こるのを待っていればいい、などと主張しない点です。むしろその反対です。この物語では、すべての人が努力しています。娘を助けようとする両親も、彼らのそばにいる親戚の人たちも、医者から医者へと訪ね回る女性も。それでいいのです。この物語を読んで、何も試みずにいつか奇跡が起こると当てにしていればいいんだと思うような人がいたら、それは誤解です。

第二にわたしが気に入ったのは、この話が生と死の境界線を扱っていることです。あえて予言させていただきますが、わたしたちは今後何年か、たくさんの生と死の境界線上の状況と関わることになるかもしれません。目下のところは生命の始まりと終わりをめぐる問題に従事しています。十年前は別の問い、例えば刑法二一八条〔妊娠中絶を禁止する条項〕をめぐる議論がありました。驚くべきことに、今日の遺伝子工学をめぐる最先端の議論から見れば、当時の問題の多くに別の光が当たることになります。その際に確認できるのは、わたしたちが生と死の境界線の問題については、常に新たに別の角度から話すことになるだろうということです。現代のものの見方があらゆる時代に当てはまるわけではないことを自覚する必要があります。とりわけ生命の境界線については、くりかえし問われるべきです。というのも、生命の境界線についての理解がない人には、自分の生を理性的に形作ることはできないからです。

将来、わたしたちは疑いなくさらに多くのことを、自分の生命に関して知るようになるでしょう。思考はどう機能するのか、感情はどのように生まれるのか——いつの日か、こうしたこともすべて説明できるかもしれません。にもかかわらず——そしてこれがこの物語において励ましとなる部分なのですが——どうしても説明できない多くのことが残されるでしょう。まさにその点が、人間と他の生物との違いであり、まさにそのことを、わたしたちはキリスト者として受け容れ、認めるのです。説明のできないこと、説明したくないこと、説明を許されないことがあるということ――それによってわたしたちには、他者をありのまま受け容れる責任が与えられるのです。そのようにして、わたしたちは謙虚な気持ちを持てるのです――謙虚とは無気力の謂ではなく、無限を知ったことから生まれるポジティブで、希望に溢れて生を形成する感覚です。

だからこそ――そしてこれが、あの物語でわたしの好きな第三の点です――おしゃべりや嘆きに多くの時間を費やすべきではありません。最も実存的な状況においてイエスが示す厳格さ、明瞭さ、素早さ、そして言葉の少なさは模範的です。「子どもに食べ物を与えなさい」、「あなたの信仰があなたを救ったのです」、「恐れるな」――くりかえし、はっきりした冷静なメッセージが呈示されます。わたしは意識しつつこのことを申し上げます。なぜなら、この国の、ドイツ連邦共和国のキリスト者たちはこのことをはっきり念頭におくべきだからです。わたしたちの生には限界がありますが、生を形作れという命令も受けています。わたしたちには自らの足があり、探査することを許されている広い空間があります。この空間はめそめそしたり、泣いたり、わめいたり、嘆いたりするためのものではなく、責任ある人生形成のためにあるのです。

信仰する心を養う

二〇〇五年五月二十五日、ハノーファーにおける第三十回福音主義教会大会にて

二〇〇五年の福音主義教会大会におけるマラキ書二章十七節から三章二十四節までについての聖書講解のなかで、メルケルは福音主義教会を批判して聴衆を驚かした。教会がときとして政治的な行動を取り過ぎ、あまりにもわずかしか「礼拝」に集中していない、というのだ。このような発言、このように密度の濃い聖書との取り組みや、自らの信仰実践について熟考するようにという激励は、メルケル首相からその後、公的な場では聞かれにくくなる。だからこそ、このスピーチはメルケルの人柄について多くを語っているのだ。

何人かの預言者の名前は、わたしたちにとって馴染み深いものです！　次の選挙がどうなる

か、知ったかぶりをしている「予言者」のことを言っているのではありませんよ。毎年、経済成長がどうなっていくかをわたしたちに予言する、いわゆる経済界の賢者たちのことでもありません。わたしは、教会暦を通してくりかえし出会う預言者たちのことを考えています。「預言」というテーマを耳にして、すぐに預言者イザヤのことを思い出さない人がいるでしょうか。彼は、わたしたちがクリスマスのとき以外にも聞きたいと思うような、人生の指針となる言葉を語ったのではないでしょうか？　イザヤは、今日でも多くの人間にとって希望の根拠となる言葉を述べています。たとえば、「暗闇をさまよっていた民が、大きな光を見る。その光は、暗い国に住んでいた人々の上に明るく輝く」（イザヤ書九章一節）。

預言者のエゼキエルやエレミヤについても、すぐに手がかりを見つけることができるでしょう。預言者エレミヤは、今日でも各人に対して政治的な責任を持つように促し、特に政治家に対しては「エレミヤ書」で次のように述べています。「その町のために最善を尽くせ（中略）、そして支配者に町のことをとりなせ。町が繁栄するならば、あなたがたも栄えるからだ」（エレミヤ書二十九章七節）。そうです、エレミヤの言うことはなんて正しいのでしょう。

偉大な預言者であるイザヤ、エレミヤ、エゼキエルについては、いくつも思い浮かぶことがあります。しかし、いわゆる「小預言者たち」の場合はどうでしょう？　ひょっとしたらみなさんの知識は、わたしと同じように、堅信礼準備のときのままかもしれません。つまり、十二人の「小預言者たち」がいることは知っているわけです。でも、この人たちはそれぞれどんなことを言ったのでしょう！　もちろんわたしには、彼らが述べた主要な言葉を即席でまとめることはできません。しかし、小預言者たちを軽視すべきではないのです。

旧約聖書の一番最後に登場する預言者マラキは、「マラキ書」第三章において、はっきりした言葉でわたしたちに要求を呈示します。遠慮はしません。マラキはまったく自由にそして明白に、人々の眼前に未来の姿を示し、彼らがその言動によって神を欺いていることを思い知らせます。マラキは、そのことが恐ろしい結果を招くと承知しているのです。これを根拠として、彼は民衆に問いかけます。国民に真実を突きつけるのです。彼がどんな非難をし、どんな問いを出し、最終的に民衆がどう反応するのか、この聖書講解のなかで考えていきましょう。

マラキの宣告は、わたしたちを現代とはまったく異なる時代へ導きます。紀元前五世紀の前半です。イスラエルの歴史においては困難な時代でした。でも、イスラエルとユダヤ民族の歴史において「困難」でなかったときがあるでしょうか？　何千年にもわたるイスラエルの歴史は、大きな苦しみの道でしかなかったようにも読めます。平和で幸せな時期もごくわずかに混じっていますが、ほとんどは苦難と痛みと悲劇の連続のようでした。

今日、「イスラエル」とユダヤ民族に目を向けるならば、キリスト者として、とりわけドイツ人としてのわたしたちは、この民族が今日まで自分たちの存在を保ち続けたことに奇跡を見るような思いがします。ユダヤ人の何千年もの歴史のなかで、彼らの希望と生命力の強さを目の当たりにするならば、大いに畏敬の念に襲われるでしょう。この民族は常に、神が歴史の本来の主であるという信仰の掟を守り続けたのです。そして、世界史における無意味に思えるような混乱のなかでも、神は約束を守られ自分の民を忘れはしない、と信じたのでした。

しかし、いま言ったこの言葉は、戦争や苦しみのはびこる不安定な世界では、口にするのは簡単ですが、心から告白するのは難しいものです。まるでジャングルのように見通しのきかない「世界史」のなかでは、多くの人たちが神の臨在を疑ったというにとどまりません。愛や正義への信仰、人間が持つ高次の使命さえも疑われてきました。そして「ホロコースト」は希望のどん底、あらゆる啓蒙的・合理的な進歩思想の終わりであり、人間の理性の歴史における総体的な破綻、暗黒そのものでした。

多くの神学者にとって、「ホロコースト」はユダヤの歴史最大の悲劇を意味するだけではありません。それは何百年も続いたキリスト教神学の敗北でもありましたが、そのキリスト教神学には疑わしい点があったのでした。「アウシュヴィッツ以後、神学は存在しうるか?」そう問うた人は少なくありません。この問いに、キリスト者としては聖書への信仰に基づいて最終的に肯定の答えが出せるとしても、わたしたちはここでまず、いったん立ち止まって考えるべきでしょう。この問いが意味するものの大きさを、明らかにすべきだと思うのです。

そもそも人間以外に、わたしたちの歴史の主人公はいるでしょうか? 人間の最終的な使命はあるのでしょうか? 質問し、迷い、常に意味を求めるわたしたち人間にとっての目的はあるのでしょうか? この世界が直面する脅威や不安、破滅の淵を目にして、日ごとにおかしくならずにいられるでしょうか？　そのような実存的な疑問に対しては、旧約時代のイスラエルの預言者たちがすでに立ち上がり、人々に神の言葉を伝えてきました。預言者マラキの時代には、絶望的な問いが湧き起こってきました（そしてその問いは、「マラキ書」第三章の直前に呈示されています）。「裁きの神はどこにおられるのか？」あるいは、クラウス・コッホによる旧約聖書の翻訳を使うならば、「救いに満ちた秩序をもたらす神はどこにおられるのか？」（マラキ二章十七節）。これが、出発点となる問いです。

聖書をよりよく理解するために、「マラキ書」第三章の預言者の言葉の背景にある歴史的な状況を、まず見てみましょう。イスラエル国家の成立は、モーセの指揮の下に彼らがエジプトの奴隷生活を脱し、約束された土地に入植したことにさかのぼります。紀元前一〇〇〇年頃、イスラエルの人々は歴史上最も重要な時期を迎えます。ダビデ王とソロモン王の下で短期間、西南アジアにおける最大の支配勢力にまでなるのです。しかし、それは短期間に過ぎません。

ダビデはイスラエルの十二部族の統一に成功します。北イスラエルと南イスラエルの中間にあって戦力的にも有利ということで、エルサレムを首都とし、国の文化的・政治的な中心地にします。息子のソロモンが、その事業をさらに引き継ぎました。しかし、ソロモンの死後すぐに、イスラエル王国は分断されてしまいます。北の部族は、ふたたび南の部族から分離しました。イスラエル民族は、「イスラエル」という名前の北の国と、「ユダ」という名前の南の国に分かれます。北の王国は紀元前七二二年にアッシリアに征服されて滅びますが、南の「ユダ」

王国はさらに百年あまり独立を保ち続けることができます。しかし、紀元前六二二年に大国アッシリアが滅びると、残された南の王国にとって状況は厳しくなっていきます。紀元前五九七年、バビロン人が「ユダ」王国に侵入します。彼らは当時の指導部や上流階級の人々を連れ去りました。紀元前五八七年には決定的な悲劇が起こります。「ユダ」王国は完全に征服されたのでした。ソロモンが建てたエルサレムの神殿も、すべて破壊されてしまいます。国民の大部分がバビロンに連れていかれて、よく知られた「バビロン捕囚」の時代となるのです。

この悲劇については、イスラエルの大預言者たち（イザヤ、エレミヤ、エゼキエル）がすでにくりかえし警告していました。国家が没落し、何百年にもわたって衰退していくことを、預言者たちはくりかえし、イスラエル民族が神と律法から離反した結果として解釈しました。捕囚状態にあった当時の人々は、異教徒のなかで自分たちの宗教的・文化的アイデンティティを残すことは可能なのかと、苦しみながら問いかけました。

バビロンに捕囚された人々の共同体は、自分たちの神学的な伝統について考えました。彼らは文化的・宗教的な独自性を保ち続けたのです。彼らは帰国と再出発の可能性を固く信じていました。小預言者のハガイとゼカリヤは、捕囚の終わり、囚われている人々の帰還、エルサレムの神殿の再建、そして希望に満ちた再出発を預言していました。彼らは新しい救いの時代を告げ知らせていたのです。そして、実際に再出発のときが来ました。ペルシャのキュロス王がバビロンを占領し、ユダヤ人の共同体に、イスラエルへの帰還を許したからです。紀元前五一五年、新しく再建されたエルサレムの神殿が、ついに神に奉献されました。

しかし、それからどうなったでしょう？　その後何十年かにわたり、イスラエルの歴史には――再出発の際の多幸症のあとで――諦めが支配します。国は、もはや以前と同じではありません。何百年も他国の支配を受けた痕跡が残ってしまったのです。多くの希望が打ち砕かれました。民衆のあいだには、諦めと絶望と欲求不満が漂っていました。

旧約聖書学者カール・エリガーは、紀元前五〇〇年頃――ちょうど、マラキが登場したと思われる頃です――の状況を、次のように記述しています。

ハガイとゼカリヤは、救いの時代が近い将来に始まると約束していた。その前提条件として、彼らは神殿の再建を挙げていた。神殿は紀元前五一五年に完成した。しかし、世界の転換は訪れなかった。救いの時代が先延ばしにされればされるほど、ユダヤの共同体は二つに分裂していった。一方のグループは動じずに希望を持ち続け、より熱心に祭儀と律法を守り続けた。もう一方は失望のせいで懐疑に陥り、父たちの信仰に完全に背を向けることまではしないとしても、通常のレベルの敬虔さにとどまっていた。

外部の状況も、そんなにうまくいってはいませんでした。経済的・政治的問題において摩擦が起こっていました。社会全体が方向を見失い、希望をなくし、欲求不満や失望に苛まれていましたし、今日のわたしたちにもある程度理解できるような分裂が起こっていました。もちろんここで、紀元前五一五年のイスラエルと今日のドイツが歴史的にパラレルな状態にあるというような速断を下して、単純な、しかも間違った見解を述べるつもりはありません――しかし、この聖書箇所に対して抱きうる親近感は重要だとわたしには思えます。わたしたちは、深刻な問題を抱えた共同体の人々の気持ちを、彼らの立場になってじっくり考えることができるのです。結局のところ、現在のわたしたちも――まったく異なった文化的・宗教的・歴史的条件の下にあるとはいえ――問題を抱えているのですから。

わたしたちも疑問を抱くことはできますし、ドイツでは目下のところ、多くの人がそうしています。転換期とドイツ再統一のあとにやってくるはずだった幸福はどこにいったのか？　社会的な格差がどんどん開いていこうとしており、富がますます不平等に分配されるように見える国とは何なのか？　利益競争のなかで、社会的な共生への配慮はどこに行ってしまったのか？　隣人愛と社会的正義はどこにあるのか？　わたしたちみんなが身につけてきたはずの価値観を、充分に伝えてくれる場所はどこにあるのか？

しかし、難しい経済的状況が問題になるだけではなく、今日のドイツ社会における、人生の意義を見失わせる深刻な事態こそが問題なのです。わたしは預言書を読むたびにそれについて考えずにはいられません。「マラキ書」では、少なからぬ数の民衆が嘲りながら次のように語っている、とされています。「神に仕えるのには意味がない。律法を守り、万軍の主の前で罪の贖いをしたところで、それが何になる？」（マラキ三章十四節）。わたしは自問します。

―これは、人生の方向や価値観を見失いそうな深刻な危機のなかで、現代のわたしたちにとって、ほんとうにそれほど縁のない問いでしょうか？

―わたしたちの国やヨーロッパに住むほとんどの人たちは、とっくに神が不在であるかのような生き方をしているのではないでしょうか？

―神との関係がEU憲法の前文に含まれるよう、わたしたちはどれほど政治的に闘ったことでしょう！ 残念ながらいまにいたるまで成功していませんが、これからもそのために努力していきます。

―わたしたちは教会と共に、いままさに、ベルリンの学校における宗教の授業が継続されるために、どれほどの闘いをしなければならないことでしょう！ 反宗教的・反教会的な無関心や不寛容の意識が広く蔓延しているなかで、どれほどそのことと取り組まなければならないでしょう！


これらの問いのすべてが、わたしたち自身も重大な問題の前に立たされていることをはっきり示しています。その問題は、わたしたちの価値秩序や社会全体の共生と直接関わってきます。いずれにしても、当時のイスラエルにおける厳しい試練と宗教的・道徳的な抑鬱状態は大きかったのでしょう。預言者マラキは、民衆のなかで「神をさげすむ者」がほめたたえられ、「神を信じない人々が栄えている」と述べています。

ごく短い書物である「マラキ書」に目を通すならば、これまでとは違う多くのことに気がつくでしょう。この預言者は祭儀にこだわり、非常に信心深く、情熱に燃えて闘う人です。彼の言葉は、神殿やそのなかで行われる犠牲の捧げ物についてよく知らないわたしたちにとっては、いくぶん奇異に聞こえます。神の恩寵を得られるかどうかが、犠牲の正しい捧げ方にかかっているなんて（第一章）、今日のわたしたち、少なくともキリスト者にとっては、総じて追認しがたいことです。

しかし、たとえそうであるにせよ、次の一点については言わなくてはいけません。マラキの関心は、神を思い出させることにあったのです。そして、彼がそれを行ったのが、圧迫され方向を見失って分裂した社会においてだったということです。彼は神を想起するよう促し、それと共に、あらゆるよき人生の支えであり最終的に人生を決めるものでもある、人間の存在理由を考えるように呼びかけました。イスラエルの父祖たちから受け継ぎ、自分たちにアイデンティティを与える力でもある信仰的な伝統なしには、そしてその信仰が持つ特別な敬虔さの伝統なしには、イスラエル民族はその後、イエスの時代までの「世界史における激動の五世紀を誰一人生き抜くことはできなかっただろう」というのが、神学者クラウス・コッホの意見です。わたしはさらに付け加えたいと思うのですが、自分たち独自の宗教と文化の伝統を維持しなければ、ユダヤ民族はさらにその後二千年間の歴史を生き延びることもなかったでしょう。

わたしはこの預言者の警告を念頭において、今日でも自問しています。わたしたち、特にドイツのプロテスタントは、倫理的心情の要請や社会的・政治的に訓練の行き届いた責任感――これらもとても重要ではありますが！――と並んで、生き生きとした信仰が本質的に「礼拝」と関わっているのだという、きちんとした意識をまだ持っているでしょうか？　みんなが理解している意味での礼拝とは、人生の一部であり、実践され、典礼のなかで感覚的に体験される儀式だとわかっているでしょうか？　そしてそれは、敬虔な生活を送り、祈り、教理を学んで自分のものとし、賛美したり聖書を学んだりすることと関係あるのだと意識しているでしょうか？　もしそれに対して「はい」と答えるなら、わたしたちの教会のどこでその体験ができるでしょうか？　わたしたちはどのようにしてこれに関するアイデンティティを育てているでしょうか？　信仰を次の世代に伝えようと思うならば、キリスト者としての形を与え、意識しつつ愛情を込めて育てていく必要があります。

「プロテスタンティズム」という言葉は今日では、かなり束縛の少ない、自由で個人的な実践として理解されることが少なくありません。教会が自らどの程度この流れに寄与したのかについて、いまここで論究するのは避けましょう。しかしわたしは、ドイツ福音主義教会常議員会議長であるヴォルフガング・フーバー監督が、ドイツの教会の世俗化は行きつくところまで行きついたとおっしゃっていたことを、みなさんに思い出してほしいと思います。これは、言葉を旨とする教会にとってけっして喜ばしい分析ではありませんが、このように自己批判的な発言が出たことをわたしは嬉しく思います。

なぜならドイツは、本当に人々のための教会として存在する教会を必要としているからです――それは、人々にとって神を身近にするような教会です。それは預言者のように警告する任務とも重なります。

というのも、残念ながらあいかわらず次のような傾向が見られるからです。多くの福音主義のキリスト者が教会を離れ、教会なしでもキリスト者として生きていけると考えています。でも、それは幻想ではないでしょうか？

誤解を避けるために言います。宗教的な伝統や信心のあり方、儀式や礼拝、そして教会そのものが、プロテスタント的な視点において、常に神の言葉の前に正当化できるものでなくてはなりません。それらは人に奉仕する性質のものです。その意味で、常に批判にもさらされています。信仰の内実に対して、信仰の形式自体を尊んだり絶対視したりすることは許されません。そう教えてくれたのはルターでした。しかし他方では、形と中身は常にひとまとまりのものなのです。生きた信仰の礼拝的な次元、あるいは制度化された次元の名誉回復については、それくらいにしておきましょう。

いずれにせよマラキは自分の時代、自分の置かれた場所で、神の約束はどうなっているのか、方向を見失った時代に神はどこでご自身を示されるのか、という問いに直面しました。そして確信をもって、神はご自分の言ったことを守られる、と示したのです。主に遣わされ、主のために道を備える謎めいた「使者」のことを、マラキは預言しました（マラキ三章一節）。「マラキ書」の最後では、神が来られる「その日」（三章二十三節）に先駆けて、エリヤがふたたび現れるだろうと語っています。

預言者マラキは、その言葉によって次のことを明らかにしました。神が来られる日は、神を呼び求め、神が来られることを望む人々にとって、裁きの日でもあるということです。神の支配が完成し、神がこの世に来られるなら、次のような問いも出てきます。

「神が来られる日、誰がそれに耐え得よう？　神が現れるとき、誰が生き続けられよう？　神は製錬の火のようで、洗濯屋の洗い水のようだ」（マラキ三章二節）。

この言葉のなかに、わたしたちはふたたび、旧約の預言の宗教的・倫理的な真剣さを感じ取ります。この世界、そしてこの歴史において神がおられないことを嘆き、批判する者に対して、預言者マラキは誤解の余地なく次のように言います。人間であるお前が神を裁く前に、自分自身と自分のしたことを見よ――そして自分を吟味するのだ！　マラキの言葉ではこうなっています。「わたしはあなた方のところへ裁きのために来て、魔術師、不実な者、偽証をする者、日雇いややもめや孤児に対して暴力や不正を行う者、外国人を虐げる者に対して罪をすばやく暴き、何も恐れないだろう、と万能の主は言われる」（マラキ書三章五節）。

この箇所でマラキは、民衆が神から離反していくことに対する自分の失望を表します。彼は人々がどんなつきあい方をしているかを見ます。社会のなかの弱者に対してふるわれる暴力を見ます。社会的な等級の一番下にいる人々、すなわち日雇い労働者ややもめや孤児に対して不正なことがなされています。これではいけない、とマラキは言うのです。これは神の律法に反している。そしてこのことは、現代において行動するわたしたちに、あらゆる経済的困難や心配があるにしても、まさにこういったことが起こらないように注意すべきなのだ、と思い出させてくれます。社会で一番弱い人たちに対して不正が行われるべきではありません。将来においても、わたしたちは彼らを念頭に置き続けるべきです。

このことは、キリスト教的な人間像を自らに課している政治に当てはまります。わたしは、ルートヴィヒ・エアハルトが発展させた社会的市場経済が、その本質的な内容において、このような冷淡さが将来のドイツで社会にはびこることを妨ぐ手段となるだろうと固く信じています。しかし同時に、誰もが自分の社会的な責任をこれまで以上にはっきり意識すべきであることも強調しておきます。

そのことは、神の掟を行動の基盤としてくりかえし発見し直さなければいけないことをも意味しています。そこから離れると、社会として隣人愛の掟を捨て去ることになり、世代間の対立まで導きかねない葛藤に陥ります。世代間の対立をもたらす者は、それによって社会のバランスをも危険にさらすことになります。

そのために重要なのは、わたしたちが正しい問いを出すことです。そして、ドイツの現在の状況について、正しい答えを聞く耳を持とうとすることです。わたしたちがマラキから一つのことを学べるとしたら、それはとりわけ、神は民衆に正しい問いを出されるということです。神は尋ねます。「お前たちがわたしを欺いているように、人間が神を欺くのは正しいことか？」そして、これに対する民衆の反問は、どこで何がうまくいっていないのか彼らがまったくわかっていないことを暗示しています。民衆は神に、次のように聞き返すのです。「わたしたちはどのようにあなたを欺いたのでしょうか？」神は適切な答えをすでに用意しています。その答えは民衆には気に入らなかったでしょうが、それによって彼らは、何が自分たちを待ち構えているかを知ることになります。そして彼らには、引き返して正しい道を行くチャンスが与えられたのでした。

今日の政治においては、このことが欠けているのではないでしょうか？　わたしたちには正しい問いが欠けているのではないでしょうか？　正しい問いは正しい答えを自らのうちに含んでおり、最後は政治的な手段を通して実現されることを待ち望んでいるのです。わたしが言いたいのはこのことです！　キリスト者としてこの社会のなかで、そのような正しい問いを出していきましょう。なぜドイツでは現状のようなことが起こっているのか、問いただしましょう。そして一緒に、その現状を変えるためにどう行動すべきかを明らかにする答えを見つけていきましょう。ふたたび希望に満ち溢れて未来を見るためには、そのような問いと答えを探すことを諦めてはいけません。

神の支配が打ち立てられた場所では、何一つ旧態依然ではありえない、と聖書は言っています。わたしたちはその約束を知っていますし、まさにキリスト者として、その中身もある程度理解しています。新約聖書は「エリヤ」の再来であり「マラキ書」三章一節に書かれた神の使者を、イエス・キリストのために道を切りひらいた洗礼者ヨハネに当てはめています。

キリスト者としてのわたしたちは――旧約聖書における終末の予感とは違って――神の最終的な来臨が地上の時間のなかで起こるとは思っていません。神の国、救いに満ちた神の秩序の実現は、地上的な時間やこの世のカテゴリーのなかで測れるものではないのです。神の国は、直線的に流れている歴史的時間の延長として、それを完結するものではありません。というのも、神の国とは神の作品にほかならないことを、わたしたちは知っているからです。

「主の日」が来れば、何ごとも昔のままではありえないでしょう。神が救いに満ちた存在秩序を最終的に打ち立てるならば、それは同時に、暗いもの、悪いもの、神に敵対するものすべてに対する裁きともなるでしょう。それは避けられないことです。それが、神の来臨が持つ二つの面です。

しかしながらイエス・キリストに対する信仰を通じて、「恐ろしい日」（マラキ三章二十三節）というイメージはなくなりました。わたしたちは何よりもまず、神の福音に従って生きています。プロテスタントとして、わたしたちは自分の救いが自分自身や自分の行いから得られるものではない、と知っています。キリストによって、あらゆる「律法の説教」以前に福音があることを、わたしたちは知っています。

しかし、預言者マラキにおいても――彼の言葉がとても暗い響きを持っているとしても――最終的には、喜ばしい福音のメッセージが中心にあります。「マラキ書」が終わるあたりの三章二十節に、すばらしい言葉があるのです。「わたしの名を恐れるあなたがたには正義の太陽が昇り、その翼の下に救いがあるだろう」。

これは非常に美しいイメージです。かつての教会はこれに基づき、救いについての理解の帰結として、「正義の太陽」はキリストのことだと解釈しました。クリスマスのお祝いで光のシンボルを使う起源は――世界の光としてのキリスト――このことを、文化史的にわかりやすく具象化したのかもしれません。イーゼンハイムの祭壇にマティアス・グリューネヴァルトが描いた、キリストが文字通り太陽と一体となっている有名な絵もそうです。わたしたちが使っている「ドイツ福音主義賛美歌集」には、「正義の太陽」というすばらしい歌もあります（ドイツ福音主義賛美歌二六三番）。

「正義」という言葉が意味する内容については、長々と語り合うことができるでしょう。しかし旧約聖書で言われている「正義」は、わたしたちが一般に理解しているものとはいささか異なっています。まさにいま、福祉国家ドイツの将来をめぐる政治的議論が交わされていることを考えるとき、この点は興味深いと思います。わたしたちが「正義」と訳しているヘブライ語の「ツェダカ」は――これについては専門家の説明を聞いたのですが――実際は「共同体への忠誠」の実践と訳すべきなのだそうです。そしてそれは、神と人との共同体なのです。

旧約聖書における考え方は、次のようなものです。神に忠実な人は――そしてもちろん、神の律法を遵守する人は――共同体に忠実であり、それゆえ「正義」なのです。そのような人はしっかりと神と結びついているので、まるで自然の発露のように祝福と救いが与えられます。ですからこの聖書箇所は、何人かの翻訳者がやっているように「救いの太陽」と言い換えられるかもしれません。

そのように理解された「正義」とは、絶えず連帯を実践することでもあります。ここでは常に共同体のなかの関係を守ることが視野に入れられており、人はその関係に責任を持つべきだとされています。そしてそれは「人に寄りそうもの」なので、ある意味で「補完性原理」という概念も含むことになります。旧約聖書のなかの、少なくとも誤解を含んで「正義」と訳された言葉は、これによって、現代の哲学的もしくは学術的な「正義論」における抽象的でドライな概念よりもはるかに多く創造的な余地を残すことになります。

旧約聖書における「正義」は、あらゆる人々の共同体への意志を視野に収めています。そしてここでは――どんな地位にあろうとも――本当にすべての人が念頭に置かれています。すべての人が、ある程度は共同の責任を負っているのです。そしてこれが、倫理的・道徳的な、あるいは政治的な問題だけではないことをわたしたちは預言者マラキから学んでいます。これは、社会全体の基本的な方向性や、信仰、分裂したアイデンティティ、精神的・宗教的方針と関わる問題なのです。

わたしたちも直面している社会や経済の課題が、政治的・社会的・経済的な種類のものだけでなく、精神的な（それどころか宗教的な）性質を持つのかもしれない、という考えは示唆に富むと思います。いまのドイツ社会からは、わたしたちが置かれている基本的状況についての意識や方向づけが、かなりの部分失われているのではないでしょうか。あらためて以前より強く、わたしたちのルーツや価値観の基礎について考える必要があるのではないでしょうか。

ここで結論に入りたいと思いますが、この結論はある意味で、今回の教会大会のテーマもしくはモットーと、この聖書箇所をつなぐものでもあります。「マラキ書」の最後の節には、非常に美しいビジョンが示されています。すなわちそこには、神が「父たちの心を息子たちへ　そして「息子たちの心を父たちへと立ち返らせる」だろう、と書かれているのです（マラキ三章二十四節）。「世代間の公正」と「世代間の扶助」を意味しうる、適切な表現はあるでしょうか？　そして、わたしたちが預言者マラキから何か現代への教えを受け取るとするならば、わたしにとってそれは、人間としての尊厳を大切にする未来のために本当に支えとなる基礎や前提条件は、ドイツにおいても一義的に政治の課題を果たすことだけではないのだ、という考え方なのです。特に重要なのは、わたしたちの共通の価値の方向づけであり、子どもたちの教育であり、またとりわけ共通の信仰、希望、そして信仰告白です。「きみの子どもが明日、きみに尋ねるなら……」というのが、「申命記」六章二十節からとられた今回の教会大会のモットーです。今年の教会大会のテーマソングを作ったシンガーソングライターのハインツ・ルドルフフ・クンツェさんは、ぴったりの歌詞を書いてくれました。

「もしきみの子どもが明日、きみに尋ねるなら、
ぼくたちは何のためにこの世にいるのかと、
その子が不思議に思い始めるなら、
何が大切なのか、知りたいと思うなら……
答えをはぐらかしたりしないでくれ、
たとえ答えるのがどんなに難しくても」

これがわたしたちの使命です。キリスト者として――教会でも政治の場でも、職場や家庭でも――こうした問いの答えをはぐらかすことは許されません。わたしはこのことを、政治家として自覚しつつ申し上げます。これは、神と人の前で果たすべき責任なのです。
共に新しい道を進む勇気を持ちましょう！　一緒に歩んでいくことが重要です。キリスト者として、わたしたちはいずれにせよ勇気を持つことができます。なぜならわたしたちの行く先には、「正義の太陽」が約束されているのですから。

新しい教皇についてもっと知りたい

二〇一三年九月三日、「カトリック通信」によるインタビューより

アンゲラ・メルケルは二〇一三年の夏休みに、ローマ教皇フランシスコの著作を旅先まで持参した。新しい教皇とヴァチカンで会話したことで、ラテンアメリカ出身のこのイエズス会士に関心を抱いたのだと彼女は説明した。その前のベネディクト十六世とは過去八年のあいだに何度も会う機会があったが、ヴァチカンでの会見はなかった。フランシスコに対しては、メルケルは彼が教皇に選ばれた直後にもう謁見を申し込んだのだった。ヨーロッパの外から来た教皇として、彼の視点は非常に教訓に富んでいると、メルケルは後にCDU指導部の前で説明した。宗教的な観点に限らず、教皇は正しい問いを提示し、何がヨーロッパで根本的に変えられなければいけないかを示してくれるというのがメルケルの意見だった。連邦議会

選挙についてのインタビューで、彼女は社会の世俗化がますます進むことへの見解と、政治における信仰と宗教の役割について語っている。

KNA〔カトリック通信〕　南チロルでの休暇で、あなたは教皇フランシスコの著書を読まれましたね。どうしてそういうことになったんですか？

メルケル　教皇フランシスコは就任以来、そのメッセージや振る舞いによって、わたしに強い印象を与えてきました。五月に個人的に教皇と面会し、教皇が多方面への関心を持ち、よく情報を集めている方であることがわかりましたし、人々とその心配事に対して非常によく心を向けている聖職者であることも知りました。彼と会話して、興味が湧いたんです。新しい教皇についてもっと知りたくなり、彼の著書を読みました。

KNA　教皇フランシスコが最初に向かったのは、ギリシャのランペドゥーサ島でした。教皇はそこで、船でやってくる難民に対してもっと援助がなされるべきだとアピールしました。この批判は正当でしょうか、そして難民援助はあまりにも限定的なのでしょうか？

メルケル　この島の周辺では残念なことにくりかえし難民たちの悲劇が起こっていますが、それに直面しつつ教皇がこの島で述べた言葉、そして彼が示した態度は、たいへん感動的なものでした。ドイツでは、難民が庇護を求める権利について、基本法に次のような単純かつ明瞭な文章があります。「政治的迫害を受けた人々には庇護を求める権利がある」。これは、はっきりとした立場表明でもあります。一九五三年以来、ドイツでは三百七十万件の難民申請と追加申請が提出されました。どの難民申請者にも、法律に基づいた手続きが与えられます。それに加えて、ドイツは人道的な理由から、第三世界からの難民も受け容れています。そのようなわけで、わたしたちはヨーロッパでは唯一の国として、シリアからさらに五千人の難民を受け容れることを告知しました。ヨーロッパ共通の難民受け容れ制度では、迫害された人を危険な状態のなかに送り返すことはしないと約束しています。この制度は、難民申請者と国際的な保護を受けている人々に対して、EU域内でのきちんとした取り扱いを保証するのです。ヨーロッパ議会は六月中旬にこの新しい規則に同意しましたし、わたしはそのことをとても歓迎しています。

KNA　シリアとエジプトでは、とりわけキリスト教徒が弾圧を受けていますね。ドイツはそれに対して何らかの手を差し伸べているのでしょうか?

メルケル　妨害を受けずに信仰を実践する権利は基本的人権であり、あらゆる信仰共同体に当てはまるべきものです。それが軽視されるのをただ傍観するわけにはいきません――それは、どこで起ころうとも変わりません。それゆえ、わたしたちはすでに何度もエジプト政府に対して、コプト教徒の住民を守るためにあらゆる手を尽くしてほしい、と要請しました。信仰を実践するために故郷を離れなければならない場合、そうした人々にはなかなか援助が与えられません――他の宗教を信じる者を追放することが狂信者たちの目的であったとしても、事情は変わらないのです。そのため連邦政府は、信教の自由を世界中で保証するプロジェクトを推進しています。そこにはたとえば、文化間の対話プログラム、すなわち、異なる宗教を持つ者同士の対話も含まれます。

KNA　社会の脱教会化が劇的に進んでいます。政治は何をしなければならないのでしょうか？

メルケル　わたしたちの国家理解では、政治と教会は分離されています――これは正当な理由によるものです。わたしはそれでも教会の人々を、活発に活動するように、そして人々に向かっていき、キリスト教に対して人々の心を開くように励ましたいと思っています。なぜなら、どんな社会も基本的な価値観や規範という基礎を必要としており、それはわたしたちのところでは、本質的にキリスト教に根付いているからです。わたしたちの基本法前文の最初の文が次のように始まっているのは偶然ではありません。「神と人の前での責任を意識して」。国家の役割はまず、政治的に独立した自由な教会生活と宗教活動を保証するところにあるのです。わたしたちの共通の価値観と規範が社会の共生のためにどれほど重要か、すべての人が意識し続けるための責任を、政治も担っていると思います。

KNA　ドイツ福音主義教会（ＥＫＤ）は、家族についてのプロジェクト案を発表しました。あなたは福音主義教会のメンバーとして、この教会からの提言をどう考えますか？

メルケル　ドイツ福音主義教会は、この文書によって激しい議論を巻き起こしました——教会の中でも外でもです。家族は、ほとんどの人にとって一番大切な場所です。人は家族のなかで守られていると感じますし、互いに寄り添うこともできるからです。結婚と家族は社会の基本です。それらは基本法でも特別に保護されていますし、特別な支援に値します。わたしはもちろん、別の人生を送る人々も尊重します。パートナーのあり方が違っても〔同性愛者を指す〕、わたしたちの社会にとって基本的な価値観は実践されると思うからです。それでも、基本法に定められている結婚と家族の特別な保護は、正しいものだと思っています。

KNA　メルケル新政権は、パートナーとして登録したカップルに対する養子権を導入しますか？

メルケル　CDUはそうした法案を計画していません。党内では、同性愛者に対するどんな差別も許されないという点では意見が一致しています。養子の問題では、連邦憲法裁判所がいわゆる承継的養子を認める判決を出したことに注目すべきです。これは、自分のパートナーが以前養子にした子どもを、自分が養子にするというものです。裁判所は、登録されたカップルが一緒に一人の子どもを養子にするというケースは扱っていません。それについては、連邦憲法裁判所もこれまで決定を下していません。

KNA　二〇一七年は、宗教改革の開始から五百周年の年となります。あなたはこのできごとにどんな関心を持っていますか？

メルケル　前にも言いましたが、わたしは宗教改革の精神のいくらかでも人々に届くことを望んでいます——とりわけ、まだ一度もこの精神について聞いたことがない、もしくはもう長いこと聞いたことがない人たちに。重要なのは、わたしたちが宗教改革記念日の意義を正しく理解することです。宗教改革は、ドイツの歴史における中心的なできごとの一つでした。そして、このできごとは宗教的・社会的・政治的・文化的な影響からいえば、世界史的な意味を持つものです。宗教改革は、キリスト教的な新しい自由の観念に決定的に影響された人間像を発展させました。そのため、連邦・各州・自治体が、それぞれたくさんのプロジェクトを準備し、支援する予定です。それらのプロジェクトは宗教改革記念日をあらゆる角度から評価するものになるでしょう。そして、祝日を決める権利のある各州が、二〇一七年十月三十一日を五百回目の宗教記念日として全国的な祝日とすることに同意してくれたことを、わたしはとても喜んでいます。

ＫＮＡ　あなたは夫の孫にとってはいわばお祖母《ばあ》さんですね〔メルケルは現在の夫とは再婚同士である〕。お祖母さんとしての特別な喜びは何ですか？　そして、これから育っていく人に一番あげたいと思うものは何ですか？

メルケル　わたしの夫には二人も孫がいます。わたしたちはわくわくしながら、孫たちが世界を発見していく様子を見守っています。そして、彼らがどんなことを考えているのか、いつも興味を持っています。わたしは彼らが才能を開花させて、人生で何ごとかを成し遂げることを願っています。

インタビュー＝クリストフ・ショルツとフォルカー・レージング（ＫＮＡ）

Ⅱ　宗教と一般社会

神はあやつり人形を望まれませんでした

二〇一四年十月三十一日、テンプリーンのマリア・マグダレーナ教会にて

そこは、メルケルが堅信礼を受けた教会だった。その教会は、彼女の父が説教し、彼女が教会の人間として育ち、根付いた場所でもある。こうしたさまざまな理由から、二〇一四年十月三十一日のテンプリーン市マリア・マグダレーナ教会におけるメルケルの登壇は注目を集めた。メルケルは珍しく、信仰や神との個人的な関係を説明してみせた。しかし、彼女はすでに難民危機がクライマックスに達するずっと以前から、自らキリスト者と任ずる政治家たちが直面するジレンマを自覚している。すべての人を助けるべしという掟はあるものの、すべての人を助けることは不可能だ。このことは今日に至るまで大きなチャレンジとなっているが、簡単な解決策で済まそうとする人々はそれを無視している。メルケルはそのことを、

彼女らしい簡潔な言葉で説明した。

わたしはキリスト者ですし、いまこの教会に座っておられる多くの方々も、おそらくキリスト者でしょう。キリスト者の出発点は誰にとっても同じです。それは、神が人間を、わたしたち一人一人を創られたということです。それによって、わたしたちには責任が伴いますが、同時に信じられないほどの庇護も受けているのです。わたしたちは聖書の記述を読んで、人間がとても早い時期に罪を犯したことを知っています。わたしたちは完璧であるべく努力しなければいけませんが、完璧ではありません。人間が過ちを犯しうること、その過ちによって捨てられるのではなく、過ちにもかかわらず神に受け容れられていることは、わたしを大いに安心させてくれます。

神を信じる人間として、全能者でありたいという欲望にけっして陥ったりすることなく、自分が引き受ける課題のなかに「へりくだり」も含まれているというのは、政治の世界ではとりわけ重要なことだと思います。それによってわたしたちキリスト者は明らかに、自分の力によって地上に繁栄をもたらすことができると信じる人たちとは違っています。いま二十五歳以上の人であれば、そんなことを試みる人間がたくさんいることをご覧になってきたでしょう。

ベルリンの壁が崩壊したのは、人々が持つ自由への憧れを殺すことができなかったためです。ドイツ民主共和国が存在した長い年月のあいだには、自由に憧れた人、自由を擁護した人たちが存在しました。まさにキリスト者たちが、くりかえしそのような行動を取ってきたのです。

わたしにとって自由とは、キリスト教的なメッセージの一番最初に来るものです。聖書のなかの楽園追放の物語を読むと、次のことが明らかになります。神は、わたしたち人間を自由な存在として創られました。神はあやつり人形や、ロボットや、言われたことだけを行う人間を望まれませんでした。パウロは「ガラテヤ人への手紙」のなかで、次のように言っています。「あなた方は自由のために召されたのです」〔ガラテヤ書五章十三節〕。パウロはコリント人への手紙のなかでも、神ご自身が人間に自由を与えられることを強調しています。「主は聖霊であり、聖霊が主であるところには自由があります」〔第二コリント書三章十七節〕。自由と信仰とは、互いに密接な関係にあります。本日は宗教改革記念日ですから、マルティン・ルターの最も重要な文書の一つ『キリスト者の自由』を思い出すべき日でもあります。

自由の概念はときには通俗化されます。たとえば「わたしは自分が望むように何かをしたりしなかったりする自由がある、わたしはすべてのことから自由だ」と言うような場合。これは大きな誤解です。自由は無制限ではありませんし、他者の犠牲の上に成り立つことは許されません。相手のことを考えるならば、自由の概念には自動的に責任も伴うことになります。自由と責任とは、キリスト教的な意味において密接に結ばれているのです。何のための自由なのか？　とわたしたちは問わねばなりません。それによって、各自が自分の持ち場につくことになります。そこまではみな同じなのです。それから次の問いが来ます。わたしはどこに配置されたのか、わたしはどこで責任を引き受けるのか？　具体的に言えば、戦争と平和が問題になるときにはどうするのか？　ということなのです。「わたしは関わりたくない」というような安易な答えはわたしには我慢できません。わたしたちは今年、非常に具体的に、近隣関係においてこの問いの前に立たされました。ドイツの再統一以来、西バルカン諸国はわたしたちの隣人です。一九九〇年代の初頭に、セルビアやクロアチアから何十万人もの難民がドイツにやってきました。女性たちは強姦され、人々は迫害されました。わたしたちは、「行動すべきか？」と自問しました。国連の安全保障理事会の決議は、軍事介入を合法化するために必要です。安保理で全会一致となることがわたしたちの原則でもあります。しかし当時、国連でそのような決議がなされたことはありませんでした。わたしたちの国の近くで人々が殺されており、わたしたちはＮＡＴＯ〔北大西洋条約機構〕が空爆を行うことに決めたのです。わたしも当時、賛成票を投じました。〔一九九九年三月から六月にかけて行われたコソボ空爆を指すが、国連安保理による承認のないまま行われたこの攻撃については、さまざまな議論がある〕

　ウクライナ紛争の際には、わたしは最初から軍事的手段には反対の立場を取りました。ロシアとウクライナの国境地帯で軍事介入を行えば、ドイツがより大きな軍事紛争に巻き込まれる危険があったからです。そういうわけで、残されていたのは外交的手段のみでした。たくさんの話し合いをしました。しかし、「すべてを認める」なんて、到底言うわけにはいきません。まずクリミア半島が併合され、ロシアのせいでドネツィクとルハーンスク〔どちらもウクライナ東部の都市〕が混乱に陥れられました。そこでわたしたちは、経済制裁を使うことに決めたのです。自分たちの経済も打撃を受けるのではないかとしばしば尋ねられました。そう、それはわたしたちの経済にも打撃を与えます。しかし、それが一部で不利益をもたらすからといって、自分たちの規則や価値観に当てはまることすべてを後回しにするならば、わたしたちはもはや、もっと真剣な紛争が起こったとしても、信用されなくなってしまうでしょう。

ロシアの態度はたいへんな困難をもたらすものですが、これはヨーロッパの戦後秩序が鉄の原則に基づいていたせいでもあります。どの国も現在の国境を守っており、百年前、五十年前、あるいは二百年前や二百五十年前の領土の主張は認められないのです。もしヨーロッパで過去の領土を主張し始めたら、救いのない状況に陥ってしまうでしょうし、すぐに軍事紛争に巻き込まれるでしょう。わたしたちが固定された国境線を守っていることをロシア側が知っているために、その隙に好きなことをやってもいいんだという考えを起こしたのでしょう。しかし、そんなことは許されません。ですから経済制裁を決断したのです。

もう一つのテーマが、わたしにつきまとっています。今年、二十万人を超える難民がドイツにやってきました。これまでは年に三万人、四万人というところだったのですが。キリスト者の共同体を中心に、難民援助の大きな動きが起こっています。しかし、「この問題をどう扱ったらいいのか？」という問いは、個人的な連帯感だけで解決するのは困難です。アフリカには十億人が住んでいます。その大部分は、わたしたちよりもずっとひどい暮らしをしています。「あの人は来てもいいが、この人はダメ」などと、どんな基準で言えばいいのでしょう？　仲介業者と知り合いで、お金を持っていて、業者に払える人、という基準でよいのでしょうか？広い心を持たねばなりませんが、苦難のなかにある人すべてを受け入れられるわけではないということもわかっています。

わたしたちの開発援助にとって、これは何を意味しているのでしょう？　もちろん、できる限り多くの援助をする必要があることを意味してはいます。一方アフリカには、国民から見れば極端に相容れない生活を送っている政治指導者たちがいます。こうした指導者たちを、どれくらい厳しく非難すればいいのでしょう？　非難すれば対話もできるでしょうか？　政治指導者であるわたしには、他の指導者たちを公の場で困難な状況に追い込む権利があるのでしょうか？　わたしはこれに対する答えを持っていません。

それから、命の始まりや終わりに関する医学的な可能性を前にして今日では大きな意味を持つ、たくさんのチャレンジがあります。多くの決定に関して、ドイツの連邦議会では政党の方針に沿って決議をするのではなく、深い倫理的な討論を行っています。個々の議員が、キリスト者か、それ以外の信仰を持っているか、あるいは信仰を持たないかに関わりなく、自分で決断しなければいけません。「人間の尊厳は不可侵である」という言葉は、何を意味しているのでしょう？　神はわたしたちに、最初から最後まで続く命を与えました。いつが生命の始まりかという問いには非常に異なる答えがあることを、わたしたちは知っています。同じキリスト教信仰を持つ人たちのあいだでさえ、答えはさまざまなのです。

ドイツにはヒト胚を保護する非常に厳しい法律がありますが、それは正しいと思います。ヒト胚を実験などに利用できるかという問いは、ますます答えにくいものになっているからです。これについては最初から原則を疑問視すべきではなく、むしろ例外規則を求めるべきであると思います。ですからわたしは、多数派とはなりませんでしたが、着床前診断には反対の決断をしました。限界が押し広げられ、しまいには歯止めがきかなくなってしまうことを、恐れたのです。

安楽死についても、わたしは似たような考えを持っています。まだ意見を固めたわけではありませんし、ドイツ連邦議会でもまだ共通の見解を模索している最中なのですが。積極的な安楽死と消極的な安楽死の境い目はどこにあるのでしょう？　安楽死の余地を政治的に与えられれば、多くの医師が感謝するかもしれません。しかし他方では、きわどい状況において、それぞれの状態を法的に把握するのは非常に難しく、ほとんど不可能なのです。安楽死のルールを決めようとする主張がすでに、人間の多様な状況に対してフェアになりえない要素を含んでいます。ですから、この問題に関してわたしは非常に慎重なのです。

個々の議員が長い時間考え、人生経験と信仰経験を総動員し、他の人と相談して態度を決めたとしても、政治の世界では、熟考してしっかりした根拠をもつ意見が必ずしも多数派になるわけでないことを受け容れなくてはなりません。着床前診断に対するわたしの意見も多数派にはなりませんでした。そんなとき、背を向けて他の人々を罵り、もう一緒にやらないと言う道もあるかもしれません。あるいは多数派を尊重する道もあります。わたしはそれが百パーセント確信した自分の意見でなくても、「民主主義は意見を形成する最上の形式である」と考える政治家の一人です。ですから多数派の意見に従わなくてはなりません。

ドイツの連邦議会には、非常に多くのキリスト者の議員がいます。わたしたちはしばしば意見が一致しませんが、だからといって他の人を「悪いクリスチャンだ」とか「いいクリスチャンだ」と決めつけるような人はいません。これはまさに、キリスト教信仰がわたしたちに責任を引き受ける力を与えていることを意味します。信仰がわたしたちに、良い意味で論争し、最善の道を求める能力を与えてくれるのです。共通性を受け容れる能力もあります。八千万人の個人が勝手に決めるのは不可能ですからね。キリスト教信仰の安心できるところは、全員が同じ結果を期待されていないところです。神はわたしたちを違う人間に創られたのですから、あれこれの問いに対して、違う人間であるにもかかわらず同じ答えになるというのは、本当らしくないことです。違いがあるからこそ、人生もおもしろくなるのです。

あらゆる問題、毎日絶望してもおかしくないような問題にもかかわらず、キリスト教信仰はわたしたちに、明るく生きる能力も与えてくれるはずです。うまくいっていることについて話す能力も与えてくれます。できなかったことについてだけではなく、毎日なし遂げられているたくさんのことについて。自己満足に浸るべきではありませんが、「わたしたちにはたくさんのことが動かせるのだ」と言ってもいいでしょう。二十五年前の東独でのデモを思い出すならば、教会で行われたこと、祈りやろうそく、変化を呼び起こした平和的な手段を思い出すならば、わたしたちドイツ人は、ものごとを好転させる力について、たくさんのことを語れるでしょう。わたしたちは、キリスト者としてもそのことを発言していくべきなのです。

政治的日常におけるカトリックの特色

二〇一三年六月五日、ベルリンのカトリック・アカデミーにて

再統一されたドイツではカトリック的なものの見方に注意を払う人はもはやいないのではないかという懸念から、数人の国会議員と公務員、ジャーナリストたちが、一九九三年にボンで「ヘフナー枢機卿を囲むサークル」を設立した。その二十年後、よりによってアンゲラ・メルケルが、その間にベルリンに拠点を移したこのカトリックサークルの記念日に祝辞を述べることになった。メルケルはかつて懸念の塊だった。彼女はプロテスタントでプロイセン的で実際的——つまり、まったくライン的でも〔ボンはライン川流域にある〕カトリック的でもなかった。そのため、カトリック教徒にとって近づきにくかった。しかしいまではカトリック教徒たちは、メルケルが新しいローマ教皇についてポジティブに語るだけでなく、教皇の回勅を引用し、

教会に対して東部地域でもっと信仰のためにアピールするよう求めていることを歓迎している。

レーマン枢機卿が一九八七年にドイツ司教会議の議長になられたとき、次のような言葉で前任者のヨーゼフ・ヘフナー枢機卿に敬意を示されました。引用します。「混乱した時代、人を混乱させる時代に明確な指針を与えてくれたことを、人々は感謝しています」。この言葉は、ヘフナー枢機卿の名前がみなさんのサークルにどれほどふさわしいものであるかを示していま す。みなさんの会合や共同の活動は、くりかえし自らの信仰を確認し、指針を見出したり与えたりするのに貢献しています。みなさんはそうやって、政治的日常にカトリックの特色を与えているのです――わたしたちCDU／CSU議員団は、とりわけそのような働きをしているとここで申し上げておきます。「一つの顔、一つの声」。この主張を、みなさんのサークルは二十年前から掲げています。だからこそわたしは、この記念日に心からのお祝いを申し上げたいと思います。この二十年という月日は、一見わかりやすい年月であったように思われるかもしれません。しかしこの二十年間に起こったことを想起するならば、一九九三年以降世界は猛烈に変わったと言えるでしょう。ドイツとヨーロッパはさらに一体化して成長しました。ヒトゲノムの解明などの情報は、生命の境界線についての新たな問いを投げかけました。デジタル革命が、ほとんどあらゆる生活領域に押し寄せてきました。今日では、誰がインターネット抜きの世界など想像できるでしょうか？　いろいろな場所との距離も、デジタル化とグローバリゼーションのおかげで目に見えて近くなりました。こうしたことに加えて、ＥＵの債務の問題や、人口変動、あるいは再生可能エネルギーの時代におけるわたしたちの歩みなど、喫緊の課題が浮かび上がっています。

そうです、「混乱した時代、人を混乱させる時代の指針」――こうした指針は、一九七〇年代や八〇年代にのみ必要というわけではありません。どの時代も難題を抱えています。そのなかに埋没してしまわないように、わたしたちは足の下にしっかりした地面が必要です――信頼できる基本方針、価値観、わたしたちが下さなければいけないたくさんの決断に際して、指針となり支えとなってくれるような基準が。今日、ここに来ている議員団の誰もが――議員団の副議長ゲルダ・ハッセルフェルトや他の多くの人々が――わたしたちが日々どれほどたくさんの決定を下さなければいけないか知っています。その際に、一つ一つを最初から熟考することは不可能です。誰もが自分の置かれた環境のなかでこの仕事をしなければいけません。信頼できる基本方針、指針と支え――こうした背景を前にして、「ヘフナー枢機卿を囲むサークル」の重要性を見極めることができます。政治に参加するキリスト者の意見交換の場として、このサークルは、政治がどのようにしてキリスト教的責任から出発し、うまく行われていくことができるのかという問いを追求しています。そしてそのことは、わたしが今晩語るテーマでもあります。

わたしの出発点は、キリスト教的な人間像です。人間は神の似姿として、神によって創られ、自由に生きるべく召されている、と聖書には書かれています。ドイツの基本法では、この人間像は第一条に次のような言葉で根を下ろしています。「人間の尊厳は不可侵である」。どんな人間も唯一の存在です。ですから、自分勝手に人間を創り出そうとする試みは禁じられています――クローン人間であれ遺伝子操作によってであれ。生命の始まりと終わりは、無条件に保護されなければいけません。

どんな個人にも発展の余地を与えること、どんな個人にも疑う以前にある種の信頼を寄せることは、人間性の問題です。人間は自由な存在として生まれています――その自由には、自己と他者への責任も伴います。神学者でもあり経済学者でもあるヨーゼフ・ヘフナー枢機卿は、そのことにふさわしい経済秩序を視野に入れようとしました。枢機卿の言葉を引用します。「経済の具体的な目標は、個人と社会の形成物に人間らしい発展を可能にする持続的で保証された物質的前提を作り出すことだ」。――今日でもまだ「社会の形成物」という単語が使われているかどうかはわかりませんが、言葉も時代によって変わるということですね。――この基本方針に、社会的市場経済の創設者たちが呼応したのです。彼らはカトリックの社会教説とプロテスタントの社会倫理という中心的な原理を自分のものとしました。だからこそ社会的市場経済は、個人のイニシアチブと社会的な責任、利益を上げるための努力と共同体への貢献、私企業という形態と国家の管理とを結びつける、経済秩序であり社会秩序なのです。

ここにいらっしゃるみなさんは教養のある方々なので、ローマ教皇レオ十三世が一八九一年に出した回勅「レールム・ノヴァールム〔新しき事柄について、の意〕」をわたしがつい最近読んだことについてお話しする必要はないでしょう。この回勅を読むのは少し時間がかかりました。しかしこれによって、カトリックの社会教説がどのように誕生して発展したか、そしてドイツにもどのように社会的市場経済という形で根付いたか、を知ることができました。

競争は、あらゆる市民の繁栄のための創造的な力を発展させるものであるべきです。もしも経済が人に貢献するという機能を見失ったら、何が起きるでしょう？　金融危機の影響がドイツに及んだ際、わたしたちはそれを目撃しました。社会的市場経済の基本的な認識が失われるならば、市場の自己調整力も揺らぎ、共同体の繁栄という目的は、なりふり構わぬ利益追求に道を譲ることになってしまいます。そうなると、多くの人の犠牲の上に一人だけが繁栄を得ることになります。

さらに印象的だったのは、ローマ教皇フランシスコの言葉です。教皇は、金融危機の背後、その核心の部分には人間像の危機があると警告しています。教皇は、次のような考えが蔓延していると言います――引用しましょう。「人間を、消費の欲求だけに限定してしまう考え方。もっと悪いことに、今日では人間そのものが、利用したら捨てることのできる消費財と見なされているのだ」。――引用はここまでです。キリスト教的な人間像を自分の課題としている方々にとって、この言葉はぎょっとするものに違いありません。危機から学んだ重要な教えは、経済活動には疑いなく自由が必要だが、国家の管理や政治が定めるガイドラインなしには、人間が忘れ去られる危険があるということです。

経済の自由と国家の管理とのバランスが、社会的市場経済の核を形成しています。このバランスは、多くの政治的取り組みの核にもなっています——たとえば被雇用者とＰＫＭ〔ドイツの電化製品の会社〕とのあいだで。あるいは議員団のなかのさまざまな派閥のあいだで。まさにこのことが、わたしたちの力となっているのです。わたしたちは理想像を共有しながらさまざまな問題を互いに勘案し、解決を図っていくことができるのです。

このことは第二の問い、すなわち経済成長をどのように理解するかという問いにわたしたちを導きます。経済成長は、繁栄のためには不可欠です。繁栄は、人間らしい生活にとって大切な基盤です。しかしながら人間らしい生活とは、物質的な次元を超えていくものです。成長を包括的な意味での繁栄の増大と捉えるならば、量的な成長概念を質的な概念によって拡大する必要があります。付け加えて言えば、それは社会的市場経済に最初から付随していた考えでもあります。ルートヴィヒ・エアハルトは「すべての人のための繁栄」という目標を示しました——それは、富裕層の成長ということではないのです。

それでは、質的に優れた成長とは、正確にはどのようなものなのでしょう？　国民経済において、生活の質はどのように測られるのでしょう？　地方によって優先順位は違うでしょうし、時間の経過によっても違うでしょう。ただ、一つのことが常に浮かび上がってきます。現代における繁栄の理解は、物質的な観点を超えるということです。幸福で満たされた人生には、物質以上のものが必要なのです。家族、友人、健康、清潔な環境、何かよい目的に自分が参加できるということ。いくつかの観点を正確に導き出すために、わたしは現在の国際ドイツ・フォーラムに専門家たちを招きました。政治には、生活の質の向上と進歩にどうやったら到達できるかという問題に、筋の通った答えが期待されているからです。

その際、社会の出発点としての家族にとりわけ重要な価値を与えるべきことは、争う余地がないでしょう。ヘフナー枢機卿は、あるとき次のように言われました。「司教であっても一つの家族から出ており、家族というものにどれほどの力があるか、わたしは知っている。来歴がなければ、未来もない」。ほとんどの人にとって、家族とはそもそも最も大切なものです――自分が守られる場所、信頼できる場所、支えてもらえる場所。家族を例にとることで、わたしたちの社会にとって何が重要かも示されるのです。家族の形態は、何年か前よりもずっと多様化していますから。しかし、一つのことだけは変わっていません。家族とは、共に生きる場所であり、支え合う場所なのです。家族のなかで、人々は継続して互いに対する責任を負っています。わたしたちの綱領には、次のように書かれています。「両親は子どもに対して継続的に責任を負い、子どもも両親に対して責任を負う」。

家族のなかで、社会的な振る舞いが身につき、大切にすべき価値とそれを生きる模範が示されます――責任や配慮、正義、連帯などといった、わたしたちの社会における共生にとって基礎となる価値です。国家はその価値を必要とし、それらに基づいて国家が建てられていますが、自らその価値を生み出すことはできません。だからこそ家族とそれに関わる事柄は政治の中心であり、現代の企業文化の最重要点、社会全体の焦点が結ばれるところなのです。

連邦政府は家族を支援していると申し上げて差し支えないでしょう。議会での支持に感謝します。「ヘフナー枢機卿を囲むサークル」の議長の方は、わたしが意味するところをおわかりでしょう。政府は、家族のための自由な選択肢を増やすことで、家族を支援しています。そこには、出産後に育児休暇をとることも含まれています——そのために育児手当があるのです。そのほかに、退職しなくても病気の家族を介護できることもあります——そのために介護休暇があるのです。さらに、人生のどの段階においても、家族と職業をどう組み合わせるかを自分で決める権利があります——そのためにも基礎となる条件を改善しました。

わたしたちが熱心に守ろうとしている選択の自由という原則には、選択の可能性が対応しなければいけません。そのため八月からは、一歳以上の子どもの保育の場を求める権利も認められるようになります。連立政権は州や自治体を大いにサポートしました——二〇一四年までに総額五十四億ユーロを支出したのです——ほんとうは、政府の管轄ではないんですけれどね。しかし、家族にとって管轄はどうでもいいのです。家族は問題が解決されることを望んでいます。家族は、自分たちの選んだ人生モデルを実現できるように、わたしたちが国のさまざまな担当者のあいだで意見を一致させることを望んでいます。わたしたちは政治的行動において、このことをもっと念頭においていかなければいけません。国務大臣のマリア・ベーマーも、わたしの言っている意味がわかっているでしょう。わたしたちは解決策を見出さなければいけません――そのためにわたしたち政治家がいるのです。人は、自由な選択のもとに生きることができなければいけません。

もう一つの選択可能性となっているのは、保育手当です。これによってわたしたちは、子どもが生まれたあとの最初の何年かを家で子育てして過ごしたいと考える両親を支援しています。両親が仕事に復帰することを決意した場合には、融通のきく職場環境が必要となります。家族の生活の質は本質的に自由に使える時間に依存しています。ですから、「時間」という要素もわたしたちの政治においてますます重要な役割を演じるでしょう。わたしたちの「家族を意識した労働時間のための憲章」と、事業プログラム「成功の要因としての家族」は、企業で指導的地位にある多くの人々の意識改革を促しました。被雇用者たちと一緒に、家族に対する義務と職場での義務をともに果たすことができるようなクリエイティブな解決方法が、追求されています。

家族の必要によりよく配慮できるよう、職場の外でも、日常における創造性が求められています――たとえば小児科の診察時間、役所の受付時間、あるいは近距離の公共交通のサービスにおいて。実践されているたくさんの例があります。たとえばザクセン＝アンハルト州の「呼び出しバス」のシステムです。これは、たとえば子どもが幼稚園や保育園に行くときの、家族の必要を補うものです。たくさんのことが実現可能です。家族は、地域共同体のなかで自分たちが歓待されていることをはっきり感じるでしょう。居住地を決める際には、そうしたサービスの有無も部分的に関係してくるのです。ですから「家族とどのように付き合うか？」という問いは、共同体の将来の可能性についての問いでもあります。この問いは、現在わたしたちが直面している人口問題のうえからも、重要であり続けるでしょう。

教育システムも、すべての子どもに門戸を開くべきです。教育は、責任ある人生を送るための鍵であり、社会に参加するためにも重要です。わたしたちにとっては、どんな才能でも役に立つのです。そのためには、困難な状況にある子どもや青少年に適切な保護を与えることが大切です。わたしたちは、社会的に弱い立場にある家庭出身の子どものために、教育と社会参加がパッケージとなったプログラムを発展させました。経済界の人々と共同で、職業訓練協定の枠内でこのための活動を行っています。その協定には、わたしたちが主導する「職業訓練修了に至るまでの教育シリーズ」も貢献しています。教育に際しても、家族について申し上げたのと同じことが有効だからです。家族は子どもの年齢に応じて、絶えず国家の諸管轄と関わりを持ちます。彼らはどの管轄かということには特に興味なく、子どもの必要に応じた措置がとられることだけを求めているのです。

教育のあらゆる分野において改善がなされるのは、もちろん嬉しいことです。中退者は前より少なくなりました。職業訓練の場が得られない青少年の数も減りました。卒業時の成績のレベルは上がり、大学入学者の数は過去最高になっています。しかし、ヨーロッパの多くの国でそうであるように、全員が大学に行く必要はないということも申し上げたいと思います。二つの職業訓練を修了するなら、それもすばらしい能力です。どんな卒業証書でも同じように歓迎します。

しかしながら教育は、今日では二十歳、二十五歳、三十歳で終わるものではありません。これが、以前との大きな違いです。生涯かけて学びが続くということは、人口変動における活力ある社会のしるしでもあります。これは文化的にも大きな広がりを持つ話なので、非常に重要なテーマだと思います。似たようなことを、わたしたちは旧東独に属していた五つの州で、ドイツ再統一後に経験しました。年少者が突然年長者に再教育を提供する立場になったのです。このことは、将来ますます日常的な経験となるでしょう。デジタル化を拒まず、自分は現代的なんだと自負する人は、自分よりも優秀なのは若い人たちだけという状況に照準を合わせなければいけません。わたしもそんな経験をしょっちゅうしていますが、なんとか生き延びています。

ドイツ司教協議会が機会均等社会への提言のなかで、個人に対して一度限りではなく、くりかえし道が開かれるべきだと強調しているのは正しいと思います。そしてそのことは、教育にも反映されなければいけません。子ども時代が終わったら一度だけ扉を開けて道をまっすぐに進んでいくのではなく、くりかえし新しい道が可能になるべきなのです。宗教共同体、特に教会も、こうした役割を引き受けています。わたしたちが本日、カトリック・アカデミーに集まっているのは、偶然ではありません。カトリック・アカデミーは実際に、このような課題に立ち向かっている場所なのです。そのことに心から感謝いたします。

もちろん宗教教育は、純粋な知識の伝達を超えるものです。それは良心の教育、心の教育でもあります。こうした形の教育をおろそかにしないことが大切だと思います。その際に問題となるのは宗教の授業だけではなく、社会のメンバー全員に対する一種の教育です。そのための責任を引き受ける人、良心と心の教育に身を捧げる人は、わたしたちの社会では特別な尊敬をかちとります。

教会は人々に、故郷を、結びつきを、与えます。支えと進むべき方向、力と希望を与えます。そのことが、社会での共生にとって、教会を唯一無二の重要な存在としています。政治には代替できない分野があります。そのために、わたしたちは教会にも、世俗の世界に入り、良心と心の教育において人々を納得させてくださるよう、最善の協力をお願いしなくてはなりません。それがとても重要なことだと思いますし、それを促したいとも思っています。わたしたちはいまここで、かつての東ベルリンにおります〔このときメルケルがスピーチしたカトリック・アカデミーは、ベルリンのミッテ地区にある〕。今日、多くの人々がもはや宗教や教会や心の教育との自然なつながりを持たなくなっているので、わたしたちは新しい方法について相談しなければいけません。どのようにすれば人々とコンタクトできるのか。自分たちの知らないことがあり、幼いときから教会の教えに触れてきた人々ほど聖書を理解していないのではないかという彼らの不安を、どのように取り去ってあげて、彼らは教会で歓迎される存在なのだと伝えられるのか。このことを考えるように、自分も含め、みなさんに促したいと思います。

社会の共生と教会における結びつきについて語るとき、わたしの念頭には、インターネットに頼りきりで家庭の外でのサポートが必要な、多くの人々のことが浮かんでいます。年配の人々、単身世帯の人々——ドイツではそうした人の数がどんどん増えています。社会の平均年齢が上がっていることは、いわゆる人口変動の結果でもありますが、これには二つの面があります。一方では、支援や介護が必要な人の数が増えています。他方では、長いあいだ健康で暮らし、社会参加をし、職業的キャリアが終わってもまだ長いこと社会で力を発揮できる——「できる」のであって、「しなければならない」わけではありませんが——人の数も増えています。いずれの場合にも、高齢になってからの期間が重要性を増しています。これまでの数十年間には見られなかったまったく新しい段階なのです。

そして、この点においてもヘフナー枢機卿の言葉は重要で、考えるに値するものです。「わたしたちの命に年月が増し加わるだけでは充分ではない。むしろ、年月にもっと命を与えなければならない」。ここではもちろん、定年を迎えたあとの歳月をどう過ごすか一人一人が問われているわけです。しかし国家や社会の側でも、年長者が社会参加するためのよりよい機会を提供できるように支援することはできます。このため、連邦ボランティア局の創設とその成果は、わたしたちの任期において非常に期待すべき経験の一つです。前回の任期の終わりに、兵役に代わるボランティアが廃止されて今後どうなると思うか、と質問されていたら〔ドイツでは二〇一一年まで十八歳以上の男子に兵役を課していたが、兵役の代わりに赤十字などでボランティアをすることも認めていた〕、わたしは「悲劇的な状況になってうまくいかないと思う」と答えていたでしょう。国防と安全保障に関わる理由から兵役を廃止する決断に至ったとき、わたしたちは新たなチャレンジの前に立たされていました。わたしたちは連邦ボランティア局を創設し、それをすべての年齢層に開放しました。

「年月にもっと命を与える」――それはつまり、高齢になってからも社会参加できることを意味します。充分多くの人々が、連邦ボランティア局の活動を共にしようと望んでくださっていることをわたしたちは見聞きしています。充分でないのはお金の方です――いまここに、予算委員会の人がいらっしゃるかどうかわかりませんが――申し込んでくださった方々全員を受け容れるにはお金が足りません。興味深いことに、連邦ボランティア局が提供できるボランティアのポストに応募できそうな典型的な市民ボランティアの年齢よりずっと高齢の方々が、高い割合でボランティアを申し出てくださっているのです。

「年月にもっと命を与える」――この言葉は、高齢になっても尊厳ある生活を送れるということも意味しています。連邦政府は、高齢者の自己決定を促進するための構想を打ち出しました。その構想は、健康管理から年齢に応じた住宅の建て替えまで含んでいて、わたしたちはたいへん大きな課題の前に立たされています。というのも、ほとんどの人は、住み慣れた環境のなかでできるだけ長く生活したいと願うものだからです。これらのテーマは、人口構成の変動に対する対応をまとめた人口政策の一部です。わたしたちはこの問題について、社会の幅広い年代や階層との対話をすでに始めています。この対話は長期間続くものですから、教会のみなさんにもこのプロセスに加わっていただければとても嬉しいです。

他の場所ではどんなことが起こっているか、国外に旅行しない限りなかなかわからないものです。つい最近、ニジェールの大統領がわたしのところに来て、ニジェールでは人口の七十五パーセントが二十五歳以下なのだと話しました。それを聞いて初めてわたしは、ドイツでは人口の何パーセントが二十五歳以下なのだろうと調べ始めたのです。十一パーセントという衝撃的な数字でした。ものの見方が変わることに、みなさんもお気づきになるでしょう。わたしがこれまでしばしば語ってきた別のエピソードによって、心を慰めることができるかもしれません。エチオピアから来た一人の難民申請者が母親と電話した際、母親はドイツの冬が寒すぎるのではないかと心配しました。しかし息子はこう答えました。いやお母さん、大丈夫だよ。でも伝えたいことが一つあったんだ。ドイツなら外のベンチにゆっくり座ることができるよ。ここでは老人は目立たないから。――これは本当にあったことです。わたしが考え出した話ではありませんよ。

共生と正義について考え、結論を導き出そうとする際には、未来の世代のことも視野に入れる必要があります。未来の世代も、尊厳ある生活を送る権利があるのですから。彼らに与えられるチャンスが、現在のわたしたちより少なくなってはいけません。ヘフナー枢機卿が率いるドイツ司教協議会は、次のように警告しました――引用します。「被造物に対する人間の責任とは、自分が受け継いだものを守り、緑の代わりに砂漠が残ったというようなことがないようにする責任である」。

事実、子どもに何を残し、未来を犠牲にして何を消費するかは、わたしたちにかかっています――財政面でも、地球の資源に関しても。経済力と環境保護、社会的責任に、どのようにして新しいバランスをもたらすかは、わたしたち次第なのです。そこで核となるのは持続可能性であり、わたしたちは政治的・経済的行動を、持続可能性を基準にして行わなければいけません。

ドイツの森林学は今年で三百年になる伝統を持っていますが、その森林学の特徴でもある持続可能性の原則が意味するのは、自らの分を超えて生活することは許されないということにほかなりません。自分たちで稼いだ以上に支出すべきではないのです。三百年前には、銀山の未来が問題でした。鉱石を溶かすには木材が必要で、ものすごい乱伐が行われたのです。そのため、育てられる以上の木材は切らないよう決められました。その背後にある原則は、今日でも政治の仕事においてわたしたちを導いてくれます。

被造物の価値を未来においても減じることなく、利用していく――わたしたちのエネルギー政策の転換も、それを目標としています。その政策は、再生可能エネルギーの拡充と、エネルギー効率の改善を基礎としています。この歩みが国際的にも注目を集めていることを、わたしたちは自覚しています。まだこれから難しい議論が待っていることもわかっています。しかしわたしは、ヘフナー枢機卿の言葉に励まされつつ、この任務を果たすことができると信じています。二酸化炭素の排出量を抑えるからといって繁栄をあきらめる必要はないと、証明できると信じています。たとえばわたしたちは、二酸化炭素の排出量と経済成長との連結を外すことに成功しました。さらに、一定面積あたりのエネルギー消費量を経済成長から切り離す必要があります。

持続可能性にはさまざまな切り口があります。これは横断的な課題であり、政府のどの所轄にも当てはまります。持続可能性という考え方は、これからも重要になっていくでしょう。そのことを、わたしは心から確信しています。グローバリゼーションに伴い、開発援助の専門家だけでなくわたしたち全員にとって、自分の生活だけを考えるのではなく他の人々の生活にも目をやることは、ますます自然で当たり前のことになるでしょう。難民の流入やそこで生まれる紛争からも、わたしたちが互いにどれほど密接につながっているかがわかります。というわけで、政治的な課題は山ほどあるのです。

わたしはこのスピーチを、CDU／CSUの連邦議会議員団に感謝することで締めくくりたいと思います。議員団、とりわけフォルカー・カウダー氏とその他の人々は、キリスト教徒への迫害というテーマを自分たちの問題として掲げています。わたしたちはこのテーマを、連立政権の外交方針のなかにも初めて採り入れました。言葉の上だけではなく、実際的な仕事によってこのテーマを追求しています。わたしたちは正当な理由を持って、キリスト者の自由は他のすべての宗教者の自由と同じく基本的権利である、との要求を掲げています。

幸いなことに、キリスト教信仰は責任ある自由を可能にするだけではありません。キリスト教信仰は信頼を育て、新しい課題も克服できるという確信を得させてくれます。わたしたちは毎日それを行っているのです。多くの事案があまりにもゆっくりとしか進まないと思う人がいるかもしれません。互いに陰で悪口ばかり言い合っていると思う人もいるでしょう。しかし、世界を良くしたいという共通の意志は確かに存在しているのです。その限りで、わたしたちは正しい道を歩んでいます。それは、わたしたちに方向付けとなり支えとなる内面的な価値基準が与えられていることと関係があります。これは賜物であり、これからの歳月もあなたやわたしたちに伴ってくれるものです――願わくは、わたしたちがこの賜物を豊かに正しく使うことができるといいのですが。この賜物は、今日のような創立記念日にだけ喜んで祝うというものではないのです。

宗教改革の精神を世界のなかに持ち込む

二〇一二年十一月五日、ティンメンドルファー・シュトラントにおけるドイツ福音主義教会総会にて

アンゲラ・メルケルは一九九〇年代の初頭に、旧西ドイツの政治的地政学のなかで、既成の福音主義教会においては、ＳＰＤの政治家が常に歓迎されるのに対して、ＣＤＵの政治家は懐疑的な目で見られるということを学ばねばならなかった。カトリック教会においては事情は逆だった。その意味で、プロテスタントのキリスト者である連邦首相が、福音主義教会の総会に公のスピーカーとして招かれて話をしたのは、特別なできごとだった。メルケルはこれまで、小さな集まりのなかではあったが、福音主義教会の礼拝上の歪みを批判したり、教会の主張の多くを「あまりにも左翼的」として拒んだりしてきた。しかし首相在任期間中に、たとえば幹細胞の研究をめぐる議論において、両者の歩み寄りが見られた。こうした不安定

な関係を、ここに記録されたスピーチのなかでメルケルはほのめかしている。

世俗の権力を担う人間の一人として、ここでお話しさせていただくことを嬉しく思います。わたしから悪い言葉が出てくると思わないでください。その反対です。教会から温かく迎えられて、喜んでおります。

わたしたちはいまちょうど、ルターを記念する十年間を過ごしています。宗教改革記念の二〇一七年が近づいてきています。みなさんが今回の会議で、ヨハネ福音書の「初めに言葉があった」をテーマに議論されるというのは興味深いことです。この聖書箇所の解釈だけでも、たくさんの本が書かれています。みなさんも、たくさんの部門でこのことを話してこられました。

個人的には、チェコの作家であり後に大統領にもなるヴァツラフ・ハヴェルが、一九八九年にドイツ出版協会平和賞の受賞に際して、授賞式に来ることはできなかったものの、ヨハネのこの「初めに言葉があった」について行った感謝のスピーチが非常に印象に残っています。ですから彼の言葉をまず引用したいと思います。「もしも神の言葉があらゆる創造行為の源だとすると、その被造物の一部である人間なるものは、神のもう一つの奇跡、すなわち人間の言葉という奇跡に基づいて存在しています。そしてこの奇跡が人間の歴史の鍵だとすると、それは同時に社会の歴史の鍵でもあり、神の言葉に拠る最初の奇跡は人間の言葉という二番目の奇跡があるからこそ奇跡なのです。もし言葉が、二人以上の人間の『自我』のあいだの一種のコミュニケーションでなければ、そもそもそれは言葉ではありえないからです」。

みなさん、これによって、「初めに言葉があった」という聖句が宗教改革にも当てはまることがわかると思います。マルティン・ルターが宗教改革テーゼの貼り紙をしたことは、理性と知識、そしてとりわけ良心と行いの混じり合ったものでした。言葉と行いが一つのまとまりになっていたのです。それはまさしく、キリスト者の自由から来る行動でした。

二〇一七年十月三十一日に宗教改革五百周年の記念日を迎えるときには、次のようなことを自問するよい機会でもあるでしょう。わたしたちの国は、どのように宗教改革を受けとめてきたのか？　そこからどんな影響力が、国の将来に及ぶのか？

自分の考えと疑問を言葉にして公の場所に掲示することを決断したルターの思いは、多くの人々に届き、自分の不快感や答えのわからない疑問について口にする力と勇気を与えました。聖書翻訳と印刷術の発見が同時期に起こったことで、重大な変化がもたらされました。信仰と知識と民主主義の鍵としての言葉と言語とコミュニケーション――この鍵は、信仰や知識が今日では違った形でわたしたちの回りにあるとしても、当時と同じく貴重なものです。まさにツイッターを見ればわかります。しかし、印刷術によって当時の社会にもたらされた徹底的な変化を思い浮かべるとき、インターネットの時代がどのように徹底的な変化をもたらすかをも予期せざるを得ません。

当時、宗教改革者たちが「教育」にささげた情熱を――このことについては二〇一〇年にメランヒトンを記念してヴィッテンベルクで行った祭典を思い出します――わたしたちも持ち続けるべきです。教育の問題を、くりかえし念頭に置くべきなのです。なぜなら教育は、民主主義社会の本質的な基礎だからです。このようなわけで、宗教改革と教育は、わたしのなかでは密接に結びついています。

わたしたちの国家理解では、政治と教会は正当な理由によって分離されています。同時に――これは矛盾ではなく、だからこそわたしは自分の活動をポッドキャストを使って配信することに決めたのですが――わたしの考えでは、政治には、基礎的な価値や規範といった共通の意識に教会と共に責任を持つ能力はありません。政治は真空の空間で行われるわけではないのです。政治の細かい作業は、一つの原理なしにはなし得ません。そうでなければ、まったく自分勝手なものになってしまいます。さらに難しいのは、政治は自らには創り出せない前提によって動いているということです。つまり、何か政治的な行動をとる際には、社会に一つの原理が存在していることが必要なのです。

宗教改革が、自由を希求し自己や他者に責任を持つ成熟した人々――それは、あらゆる民主主義的秩序の根底にある人間像です――の輩出に影響を及ぼしたのは事実だと思います。ですから、わたしたちの社会にキリスト教信仰とその基礎への理解があるかどうかは、政治にとって些細なことではありません。だからこそ連邦政府は、宗教改革記念日の祝典を準備し支援する際には、活動を共にしています。はっきりと申し上げますが、この記念日が、今日でもそのように表現してよければ宣教的な要素を持つこと、宗教改革の精神のようなものがふたたび、これまでそんな精神について耳にしたことのない、あるいは長いこと耳にしていない人々に届くことを、わたしは期待しています。

わたしたちの国家には、憲法〔基本法〕によって、宗教的な世界観に関する中立性が課されています――これは、争う余地のないことです。しかし、連邦共和国が世俗的に建国されたのでないことは明らかです。わたしたちの基本法の前文が次のように始まっているのには理由があるのです。「神と人に対する責任を意識して……」。神との関わりがこの場ですでに言及されたこと、すなわち、政治を担う者は、人間に敵対するようなイデオロギーに逆戻りしたくなければ、全権や絶対主義を要求するような迷妄に陥ることは許されないということを明らかにしています。

だからこそ、この世において自らの持つ価値観を実践し、模範を示し、それを伝えるという教会の公共的使命はとても重要です。政治や社会の発展に対する見張り役としての教会の使命は、教会の自己理解にとってのみ大切というわけではありません。責任共同体としてのわたしたちの社会全体にとってこれはおよそ不可避のこととなっています。

ですから国家には、政治からは独立した自由な教会が活動し影響をふるえるよう、理性的な枠組みとなる条件を保証することが求められています。ドイツの基本法第四条は、信仰と良心と信仰告白の自由を保護し、妨害を受けない信仰実践を保証しています。国連の世界人権宣言

第十八条にも、類似のことが記されています。しかし世界中で、グローバルに当てはまるはずのこの人権の認識や配慮から遠く離れた実態が見られます。狂信主義、信仰の自由の制限、信仰の軽視――こうしたことすべてが、世界における現実の一部なのです。一度はっきりこのことを申し上げてもよいでしょう。キリスト教は、世界で最も迫害されている宗教です。このため連邦政府は、特定の信仰を持つ人々への迫害と戦っていくことが――キリスト教徒に対する迫害も含めて――わたしたちの外交政策の一部だと宣言することを決定しました。

「宗教改革と寛容」という年間主題はとても興味深いものです。というのも、信教の自由と寛容とは確実にワンセットとして考えられなければならないものだからです。信教の自由とは、信仰告白や信仰の確信を大目に見る以上のことを意味しています。寛容は、他者の信仰告白に対する無関心と取り違えられてはなりません。ですからわたし個人としては、みなさんが「宗教改革と寛容」というテーマをどのように扱っていかれるのか、大いに関心があります。寛容が単なる黙認ではなく、他者と関わりを持ち、他者の行いを見て自分の確信を確認することを意味するならば、それはわたしたちがときとして踏み込むのをためらっているような相互関係のことではないでしょうか。人はしばしば、他者の前で敬意を抱きつつ無言で佇み、信教の自由とはいわば討論をほとんど禁じるようなものなのだ、と考えてしまいます。それは、自分の信仰告白の立場に自信がないことから生じる態度であることが多いのです。そのように申し上げて差し支えないと思います。

信仰の告白を恐る恐るしかできない人々に対して、思い切って信仰を告白して討論の場に出るようみなさんが励まして下さるなら、わたしがそのような望みを持つことを許されるなら、まさにすばらしいことです。こう申し上げていいでしょうか。教会の役職者と同席するとき、人はあまりにもしばしば、自分には知識もないし言葉も足りないからすぐにボロを出してしまうだろうと不安になるのです。でもそれはルターの意図したことではないでしょう。ですから、どうかみなさんほど言葉巧みでない人に対しても、寛容でいてあげて下さい。

もちろん寛容な態度には、自分と考えが違う人に対する尊敬も含まれています。ですからみなさんが寛容についての議論をなさるときには、キリスト教が寛容でなかった時代、間違いを犯した時代もあることを示すことが重要だと思います。日常生活のなかではくりかえし、寛容の問題と対峙させられます。たとえばわたしたちにとって、今日そのようなチャレンジとなるのは、ユダヤ人の割礼の問題です。わたしたちは議会で集中的に、どんなふうにこれに該当する法律を起案できるかという問題を議論しました。その結果提出された、医学的指示に基づかない男の子の割礼に関する法案は、一つの宗教に対する寛容の例であり、必然的なものだとわたしは見なしています〔二〇一二年にドイツ国内で幼い子どもへの割礼は傷害罪に当たるかどうかという議論が巻き起こったが、議会での決議により、痛みのない方法で行われる割礼は傷害に当たらないことになった〕。わたしたちは、日常生活においてくりかえしそのような問題にぶつかるでしょう。

信仰と宗教の自由は言論や芸術の自由と同じく、結局は、責任ある自由についての同等の理解から生まれています。少しも宗教に関わらない人々が多くいる社会のなかでは、責任ある自由とは何かという議論をするのは簡単ではありません。その限りにおいて、宗教改革記念日のような祝典を、宗教を持たないと感じている人々に対して、宗教的・歴史的・社会的教育への刺激として提供することは非常に重要です。

ドイツやヨーロッパにおける、人と人をつなぐキリスト教的遺産を意識することが一つ。もう一つは――これも過去五百年を振り返って気づかされることですが――わたしたちが互いの違いにもかかわらず平和に共存できるようになるまでには、とても長い時間を要したということです。ヨーロッパでは、人が互いに異なる宗教に属し、異なる意見を持っていてもよいのだということ、そして暴力が論争の手段となることは許されないということに気づくまでに、長い時間がかかりました。世界の他の地域で開発のプロセスに関わるときも、そのことを考えなくてはいけないと思います。高慢な態度はヨーロッパ的な観点からは好ましくありません。せいぜい自らの痛ましい体験について情報を交換するといったところでしょうが、もちろん体験の形は彼我で同じというわけではないでしょう。

宗教改革記念日に際しては、エキュメニカルな共存について考えることも必要です。すでに宗教改革の「記念日」という言葉自体が議論を引き起こしかねないことを、わたしは学びました。非常に世俗的な世界にあっては、カトリックとプロテスタントの共通性をくりかえし前面に押し出していくことが許されると思います。いまわたしは、カトリックとプロテスタントは一つの宗教だということで発言しているのです。

みなさん、キリスト教を超えた宗教間の対話も、わたしたちの国やヨーロッパでの統合にとってはきわめて重要な意味を持ちます。世俗の権力と教会の共存において生まれてくる課題は、個人の信仰告白を超えて多様です。わたしはここで、そのことを三つの例において明らかにしたいと思います。

わたしたちは今日、「地を従わせなさい」という神からの委託に応えて、地球と理性的かつ持続的に付き合っていくべき役割を担っています。それは、わたしたちには非常に難しいことです。たとえば環境保護を例にとってみましょう。わたしたちはアメリカを襲ったハリケーン「サンディ」について、何日もニュースを聞きました。自然の猛威についてはくりかえし集中的な報道がなされています。これまでの数世紀の経験からも、そのような自然災害は必ずまた起こり得るでしょう。しかし、これほどの頻度で起こるのは許しがたいことです。しかし、何も対策をとらなければ損害が非常に大きくなることを人々にわからせるのが、たいへん難しいのです。何か対策を講じていたならという仮定の話は、実際に目で見ることができないからです。

こうした理由で、抽象化の能力について高い要求が突きつけられています。人類はあまりに高度な技術力を獲得してしまったので、それと並行して、自分の周辺や人生を超えて問題を見渡すことのできる抽象化の能力を身につけなければいけません。もしその能力を習得しなければ、ひどいやり方でその代償を払う羽目になるでしょう。ですからわたしは、環境保護への努力が非常に具体的な方法で教会の側からもサポートされていること、たとえばそれぞれの教会での二酸化炭素排出量が二〇〇五年に比べて二〇一五年には二十五パーセント削減されるべきという目標が定められていることに感謝申し上げます〔ドイツ福音主義教会では多くの教会が二酸化炭素排出量の削減目標を掲げて取り組んでいる〕。それによって一つの模範を示すことができます。どうすればそういうことができるか示せるのです。このことは本質的に——教会の開発援助の仕事と同じく——責任についてより多くのことを学ぶのに役立ちます。

第二に、国際的な金融・経済危機とヨーロッパの目下の状態、すなわちＥＵの債務超過問題についてお話ししたいと思います。シンプルなルールがここでも軽視され、社会的市場経済の精神は踏みにじられてしまいました。まさしくこの時期にＥＵがノーベル平和賞を受賞するというのは注目すべきことだと思います。ほんとうに感動した、と申し上げずにはいられません。冷戦が終結しても、わたしたちはノーベル平和賞をもらえませんでした。ＥＵが大きく拡大して中欧・東欧の諸国が加わってきたときにも、受賞しませんでした。それなのにいまこの瞬間、まさにわたしたちが課題と取り組み、いささか弱気になっているときに、小さな警告を与えられるかのようにこの賞を受賞することとなったのです。

宗教改革の名の下にどれほど多くの戦争が行われてきたかを想起するならば、ヨーロッパにおいて過去六十七年間、平和的な発展が続いてきたことは誇っていいと思います——いまの人々は実際に戦争を体験した人ほど平和を高く評価しないために、さまざまな問題が起こっているのですが。それでもヨーロッパは、信じられないほど偉大なことを成し遂げてきたと思います。このヨーロッパも責任に基づいており、政治からは生み出せない価値観に基づいているからです。ＥＵの人権憲章前文に次のように書かれているのも意味のないことではありません。「ヨーロッパが精神的・宗教的・道徳的に受け継いできた遺産を意識して、ＥＵは不可分で普遍的な、人間の尊厳と自由、平等と連帯という価値観に基づいて設立される」。わたしはそこにさらに「神」という言葉も入れることで合意できたらよかったのにと思うのですが、ヨーロッパの共通意識はそこまではいきませんでした。そのことで、どこに限界があるのか見ることができます。それでもわたしたちがヨーロッパにおいて、多くの価値観を基本的に共有しているのは良いことです。

さまざまな対立は常にありますが、今日、次のように言うことができるでしょう。ヨーロッパの五億人の人々は、キリスト教がなければ考えられない基礎の上に生きているのだと。そのことは、二十一世紀におけるこれからの年月のなかでも、わたしたちにとって最大の意味を持ち続けるでしょう。ヨーロッパの人口は、今日では世界のわずか七パーセントです。わたしたちドイツ人は世界人口の一パーセントを超えるに過ぎません。想像してみて下さい。わたしたちに賢いアイデアがあった場合、世界の九十九パーセントの人に対してそれが正しいアイデアであると説得し、わたしたちが当然だと思うことを彼ら全員もそう思うようにしなければいけないのです。しかし、わたしたちヨーロッパ人は世界の経済力ではほとんど二十五パーセントを占めています。そしてヨーロッパは、世界の社会保障費のおよそ五十パーセントをまかなっているのです。この状態を保っていくために、教会がわたしたちに対してくりかえし、ＥＵの連帯のなかにとどまるよう訴え、最初の困難に直面しただけですぐにバラバラになってしまわないよう励まし続けて下さるのは良いことだと思いますし、そのことに心から感謝申し上げます。

みなさん、ここで第三の問題をお話ししたいと思いますが、経済成長の最大の部分はヨーロッパ以外の場所で生まれているというのが真実です――経済成長とは、国内生産の額面数字以外にも、たくさんの側面を持っているとわたしは思います。ヨーロッパは年老いつつある大陸です。これにはいい点もあります。わたしがくりかえし話しているエチオピア出身の難民申請者の逸話です。彼がお母さんに電話したとき、お母さんは彼に、ドイツの冬は寒すぎないかと尋ねました。彼は「お母さん、心配しないで。大丈夫だよ」と答え、さらに次のようなよいニュースを伝えました。「ここではいつも、お母さんみたいな老人がベンチに座っているよ。ここなら居心地がいいと思うよ」。わたしたちの特徴は高齢化社会ですが、この逸話が示すとおり、人口変動はわたしたちにとって悪いことだとは言えません。ただ、これはまったく新しい変化なのです。大きなチャレンジであり、教会と社会は同じようにそれに立ち向かっていかなくてはならないのです。

そのような変化を他より先に体験している旧東独の連邦州〔東西ドイツ統一後に連邦州となったザクセン、ザクセン＝アンハルト、メクレンブルク＝フォアポンメルン、ブランデンブルク、テューリンゲンの五州〕が、いい例を示してくれています。北ドイツ福音ルター派教会の設立も、こうしたチャレンジへの応答でした。みなさんは教会のなかで、たくさんの実際的な問いかけをして下さっています。年配の人々はどうやって今後も社会生活に参加できるだろうか？ どうしたら世代間の情報交換を促進し、世代から世代へと経験を伝えていけるだろうか？ 若い人々は、どこで何を年配者から学べるだろうか？ わたしは、みなさんが幼稚園や老人ホーム、また教会やキリスト教信仰に背中を押された人々が運営し支援しているたくさんの住宅プロジェクトなどでのお仕事に感謝して、このスピーチを締めくくりたいと思います。

政府も、このチャレンジを受けとめていくつもりです。人間の寿命がこれまでより長くなる事態に直面して、人生の区分も現状に合わなくなっています。いわば人生の「ラッシュアワー」が起きているのです。ドイツ語でこれに合う言葉は思いつきません。いずれにせよ、人生の一時期にすべてが集中しているのです――キャリア形成から子どもの教育、家族の介護に至るまで、すべてが三十代か四十代に起こっています。それから人間が自意識を持ち、自己決定を行って生きていきたいと願う長い期間が訪れるのですが、どうやったら自己決定を行いながら高齢期を生きていけるのか、一定のイメージや役割モデルなどは必ずしもできていません。この点については、わたしたちの社会はいまも学習中です。この学習に対しては、素直に心を開いていかなくてはならないでしょう。しかしすでにたくさんの成功例があり、ちょうど教会関係のなかにもそうしたものが見られます。それらは、わたしが真の市民社会と呼ぶところのものに対する、重要な貢献です。この観点からも、宗教改革記念日は人々が利用可能なチャンスを提供するだろうと思います。

最後にもう一度ヴァツラフ・ハヴェルの受賞感謝スピーチに戻り、そこから引用したいと思います。

「『最初に言葉があった』――これは奇跡であり、わたしたちは人間であることに感謝しなければいけません――しかし同時に、これは待ち伏せであり、試験であり、悪巧みであり、一種のテストなのです。(…) これは明らかに、言語学的な課題というだけではありません。言葉に責任を持てという呼びかけによって (…) これはそもそも道徳的な課題です。しかしそのようなものとして、この課題は地平線のかなたの、わたしたちがはるかに展望することしかできない世界ではなく、この言葉、初めに存在し、人間のものではないこの言葉がとどまっているその場所に、根を下ろしているのです。」

Ⅲ　ヨーロッパと世界

わたしたちのヨーロッパ人としてのアイデンティティは大部分においてキリスト教的なのです

メルケル「ヨーロッパの価値」。ロッコ・ブッティリョーネ／ミヒャエル・シュパンゲンベルガー編『神は誠実なり』（二〇一〇年）所収

これまでのメルケル首相の仕事について一つのイメージを描こうとする者は、ブリュッセルでそれを見出すだろう。メルケルが首脳会談のために車で到着し、リムジンから降りる姿。政府首脳が集まり、直面する危機についてふたたび会議を開くとき。男性たちの真ん中でしばしば音頭を取り、交渉の続く長い夜にも持久力を示すときこそ、メルケルの本領が発揮される。メルケルはヨーロッパの首相、危機の時代の首相――これからもそうであり続けるだろう。その際、とりわけ彼女の実際的なものの考え方、うまく妥協点を見出す才能、データについての鋭い知識が、決定的な役割を果たしている。ヨーロッパの政治は常に象徴性やパトス〔激しい感情〕に突き動かされてきたが、メルケルは叙情になびくことはない。彼女の役割は

現状の分析や意味づけにあるわけではないが、原理原則にのっとった話をすることもできる。

何が皇帝に属し、何が神に属するのでしょう？　宗教的な権力と世俗的な権力は、それぞれどのような委託を受けているのでしょう？　わたしたちの共生にとって基本的なこの問いは、ギリシャ＝ローマの古代から啓蒙期を経て今日に至るまで、ヨーロッパの発展に伴ってきました。何年も前からリスボン条約〔二〇〇七年十二月にリスボンのジェロニモ修道院で結ばれた、欧州連合の基本条約を修正する条約〕について情熱的に展開されている議論は、政治と宗教の関係がいまでも破壊力と緊急性を失っていないことを示しています。

わたしはリスボン条約の前文で神との関連がより明瞭に表現されるような合意を願っていたのですが、果たせませんでした。ＥＵのメンバー国のなかでは教会と国家の関係についての理解が異なっているため、合意は不可能だったのです。そうではあっても、この条約のなかでヨーロッパの宗教的遺産と、教会や宗教共同体の役割に対して、敬意が払われているのは嬉しく思います。

というのも、わたしたちに共通のヨーロッパ的アイデンティティが大部分においてキリスト教的特徴を備えているのは――ヨーロッパにおけるキリスト教が非常に異なった形式で過去も現在も活動してきたにせよ――明らかだからです。ビザンチン東方教会の典礼であろうと、ローマカトリック教会の秘跡であろうと、プロテスタントの礼拝であろうと、世俗主義国家の伝統であろうと――キリスト教の遺産はわたしたちの大陸に影響を与え続けています。

わたしたちは自分たちのルーツを知り、この遺産をくりかえし念頭におかなくてはなりません。なぜならわたしたちはグローバル化された世界に生きており、そのなかで絶えず他の文化や宗教との交流を行い、一緒に未来をうまく形成したいと願っているからです。自分たちの魂と価値観を熟知しているヨーロッパだけが、未来のための正しいコース変更に取り組めるでしょう。ヨーロッパの価値観は、人間の尊厳についての観念に要約されています。神の似姿として人間を理解するキリスト教は、国籍や言語、文化、宗教、肌の色、性別などによらないあらゆる人間の平等をわたしたちに教えています。それゆえ政治の基準は国家ではなく、政党でも人種でも階級でもありません。国家のあらゆる活動の中心には、人間とその不可侵の尊厳があるのです。ローマ教皇ベネディクト十六世は回勅「真の恩寵」〔二〇〇九年に著書として出版された〕のなかで次のように強調しています。「人間において最初に守るべき、そして利用すべき資本は、総体としての人格である」。

人間の尊厳に注意を払うならば、たとえば遺伝子技術において、あるいは積極的な安楽死幇助において、人間を単なるモノとして扱うことは許されません。人間の尊厳は、市民権や人権を与えられていない人々の権利を守ることも命じます。たとえばダルフールやコンゴで起こっている人間的悲劇において。さらに、人種差別や反ユダヤ主義、外国人敵視に対して決定的に介入することもそこに含まれます。人間の尊厳を重んじることは、この世界を保つことも要求します。わたしたちの子どもや孫たちにも、損なわれていない環境や生活基盤を持つ権利があるのです。

人間の尊厳を保障することから、自分の人格を自由に発展させることができる個人の権利が最終的に育ってきます。自由を持つ権利というのは、そもそも人間が持つ権利のなかで最も重要なものの一つです。たとえそれが他者の気にさわろうとも自分の意見を言う自由、信仰の自由、商取引の自由、社会全体に対するそのときどきの責任においての、個人の自由。

自由に関するキリスト教的精神は、二十世紀以前のヨーロッパの不自然な分割を克服する際にも重要な役割を果たしました。キリスト教精神は本質的なところで、全体主義の歪みに抵抗し、共産主義の独裁権力を空洞化する力を、人々に与えました。もしわたしたちがローマ教皇ヨハネ・パウロ二世のこと、彼がポーランドで労組「連帯」のために尽力したことや、東ドイツの教会が人々に比喩的な意味でも直接的な意味でも自由な空間を提供したことを考えてみるならば、次のことが理解できるでしょう。すなわち、鉄のカーテンが落とされ、中欧と東欧における平和的革命が進行する際に、教会に突出した役割が与えられたのはけっして偶然ではなかったということが。

この場合の自由とは、絆のない自由ではありません。この自由は、他者の自由を尊重します。しかし、自由の持つ力が完全に発揮されるのは、個々人が持つ、他者との絆においてです。家族との、社会との、そしてとりわけ神との絆。パウル・ヨーゼフ・コルデス枢機卿は次のように書いています。「自我が自分自身の壁を乗り越えたときに初めて、彼は人間として成熟する。自我が自分のなかに閉じこもっていると、発育が止まってしまう」。自由に関するこのような理解は、ユダヤ教や自由を告げる福音のなかにその根拠が記されています。教会は何世紀にもわたってそれを守ってきましたし、普遍的な価値観の真の中身と人間の共生の原則にくりかえし光が当てられるなかで、それは不可欠の要素であり続けます。

まさしくこの自由の価値が、日常生活のなかではしばしば、個人が勝手に行動する権利であるかのように矮小化されています。わたしたちは無関心や、自己の信念を主張する勇気の不足、弱者に対する思いやりのなさを経験します。無責任な自由を、残念ながら社会的レベルでもグローバルなレベルでも体験します——インターネット上での児童ポルノの拡散。資源の乱獲。あるいは金融市場における欲望、行き過ぎ、節度のなさ。そんなことがあるからこそ、現代の経済危機や金融危機が生まれてくるのです。個人の利益が、一人一人の人間や社会を害するほど絶対化されてしまいました。しかしわたしたちはキリスト教的な意味において、自由を奪うことなく金融市場と経済を整えることができます。もう一度全体の利益において考えるすべを学ぶことで、グローバリゼーションに人間らしい顔を与えることができます——地域でも、国でも、世界でも。

経済危機や金融危機からの教訓は次のようなことです。人間に、人間の創造性と個性に、賭けなくてはなりません。わたしたちは経済や社会の秩序だけに従って動くのではありません。

それと並行して聖書に書かれたキリスト者としての任務をも果たしていくのです。そして、言語や文化、地域の多様性を保持していきます。一方には多様性、他方には共通の価値観と原則を持つことが、まごうことのないアイデンティティをヨーロッパに与えているのです。

神はわたしたちをそれぞれ異なる人間として創られました。それゆえ、人間を十把一絡げに扱おうとする試みは放棄しなければいけません。誰もが必要な助けを得ること、それが人間についてのキリスト教的理解から見て公正で説得力のあることです。しかし、個人や小さな共同体が自らなし得る仕事を、国家が奪ってしまうべきではありません。ここではカトリックの社会教説である助成説〔国家は個人や団体に対する助成的な機能だけを果たすべきだというもの〕が物を言います。

キリスト教的人間像は、自由意志に基づく活動の決定的な起源です。それは、共同体の繁栄のために奉仕することを促します。そのため、幅広い領域にわたる教会の政治的活動は、わたしたちの社会を支える力でもあります――少年保護事業、ホスピス、教会の発展のための共同作業、兵士たちの魂のケア。教会はこれらの活動を通してわたしたちの社会に、そして全世界に、広くポジティブな影響を与えています。わたしたちは教会のこのような出動を、貧しい人や虐げられた人の権利のため、命を守るため、家族の援助のため、そして世界における平和と正義のために必要としています。このような関わりがあるからこそ、人は尊厳を保ちながら人生を送ることができるのです。

しかし、教会は慈善事業や社会的活動のためだけに存在しているのではありません。ヨーロッパは活力のある市民社会の立役者として教会を必要としていますが、それだけではありません。ヨーロッパを一体化させる観念の土台である精神的・倫理的基盤を固め、それを刷新するのに貢献するからこそ、ヨーロッパは教会を必要とするのです。委員会や議会や政府のトップには、わたしたちヨーロッパ人を規定する自由や正義や連帯の価値基準と指導力を自ら生み出すことはできません。むしろヨーロッパのさまざまな機関はこの価値を、それに基づいて政治的な組織が先へ進んでいける基礎として必要としています。だからこそリスボン条約の前文で神との関連に言及する以上に重要なのは、二十一世紀のさまざまな挑戦に際してキリスト教的人間像の力が、ヨーロッパを実際的に保持する作業においてくりかえし新たに発揮されうるということなのです。

その際、わたしたちはとりわけ、わたしから見ればヨーロッパの魂を形作っている寛容という特性について考えるべきです。寛容がなければ、国民や異文化、宗教のあいだに平和はありません。まさしく宗教的寛容が、複数の文化を持つ社会で人々が平和に共生するための、欠かせない条件となっています。教会と宗教共同体は、寛容の発展に深く関わっています。わたしが思うにそれらの組織は、和解に関する密度の濃い体験を、ヨーロッパの統合のプロセスのなかに自覚的に持ち込むことができるのです。

その際、寛容が意味するのはけっして勝手な行動ではありません。寛容は、人が自分のアイデンティティをしっかりと自覚しつつ、それが隔絶ではなく、他者に対する自覚的な率直さや好奇心となるところから生まれてきます。そうなって初めて、わたしたちはほんとうに他者と関わることができ、他者をあるがままに受け入れ、彼らの多様性を自分の生を豊かにしてくれるものとして感じることができるのです。他者への尊敬を持ちつつ批判も許されるような相互の対話においてのみ、わたしたちの価値観は生き生きと保たれていきます。

　国家と教会は、わたしたちの国家理解によれば互いに独立を保っていますから、わたしたちはみな自分の価値基盤に対して自分で責任を持つのです。ドイツ基本法〔憲法〕の前文が「神と人の前での責任を自覚して」という言葉で始まっているのは偶然ではありません。その言葉によって、わたしたちの基本法も法律と憲法という制度を超えていく価値秩序のなかに埋め込まれていることが明言されています。この価値秩序を保ちつつ改革することが、国家、教会、社会がそれぞれの方法で認識すべき共通の任務です。誰もが、それに貢献すべく呼びかけられているのです――政治家も、親も、教育者、教師、ジャーナリスト、わたしたちの共同体で社会参加しているすべての人たち、青少年の施設やスポーツクラブで働いている人、もちろん教会の人たちも含まれます。そのようにして、互いに対する責任の気持ちが強められていくのです。人々の結びつきから来る力は、この社会においてどんなに多くても困るということはありません。

平和は発展の母である

二〇一一年九月十二日、ミュンヘンにおける国際平和会議にて

アメリカでは、メルケルはすでに何度も「世界最強の女性」に選ばれている。アメリカ大統領自由勲章〔二〇一一年に受賞〕の授与と、アーヘンの国際カール大帝賞〔二〇〇八年に受賞、この賞はヨーロッパに貢献した人物に与えられる〕による顕彰が、メルケルが受けた最も著名な栄誉である。外国から見れば、メルケルは何よりもまず世界政治の立役者であり、ヨーロッパの顔だ。ドイツ国内では、彼女の外交政策や、平和政治、開発援助、人権への問いは、国外に比べて説明や議論の対象になっていない。だが長い目で見れば、彼女の国際的な展望がドイツにとっても決定的なのだろうと思われる。

カール賞はメルケルが受けた翌年には、サン・エジディオ共同体〔キリスト教精神に基づき対話による世界平和を目指す〕の創設者アンドレア・リッカルディ〔イタリア人、一九五〇年生まれ〕が受賞した。二〇一一年に、彼女はこの共同

体の平和会議を訪れている。

サン・エジディオの平和会議が二十五年にわたる伝統を持っていることを、あらためてみなさんに思い起こしていただきたいと思います。一九八六年に世界がどんな状況だったかを振り返れば、今日とはかなり違った様子が見えてきます。たとえば二〇〇一年九月十一日に経験したようなテロは――昨日がちょうどその十周年記念日でしたが――当時のわたしたちの想像力を超えるものでした。わたしたちは当時、冷戦の「秩序」のなかにいて、東西の分裂は乗り越えがたいものに思えました。全世界が冷戦の支配下にあって、二大国の勢力圏に分かれていました。この冷戦の最前線がドイツを縦断し、ヨーロッパを縦断していたのです。東ドイツで育ったわたしが本日、みなさんの前にドイツ連邦共和国首相として立っているという事実だけでも、何が変わったかをよく示しています。ふたたび統一され一つとなったヨーロッパで自由と民主主義を生きることのできるわたしたちドイツ人以上に、このできごとから利益を得、メリットを与えられた人たちがいるでしょうか？

一九八六年にアッシジで開かれた平和のための祈りの集会は、希望のしるしでした。さまざまな方向性を持つ信仰の代表者たちが、ローマ教皇ヨハネ・パウロ二世の招きによって、全世界から聖フランシスコの町へやって来たのです。彼らは世界の国民に和解のメッセージを送ることを望んでいました。この意志が、一つの伝統へと移行していったのです。このことが、和解についての継続的なメッセージになりました。サン・エジディオの市民運動がそこに結びついていったからです。サン・エジディオの平和会議は、いまでもアッシジの精神を世界に伝えています。異なる信仰を持つ人々の実りある共存のためにくりかえし奮闘していくというのがそのメッセージの中身です。この世界でやらなければいけないことはまだたくさんあるとはいえ、一つとなったヨーロッパの真ん中でわたしたちがいま会議をしていることは、この精神がすでに多くの実りをもたらしたことを示しています。鉄のカーテンはとっくに過去のものとなりました。一九八九年にそのカーテンが崩壊したことで、粘り強さと勇気と希望によって分裂や分割を乗り越えていけることがわかりました。これこそわたしたちヨーロッパ人が、まだそうなっていない世界の他の地域の人々に示せるメッセージです。希望はあるのです。

希望への道がくりかえし切り開かれていく要因はどこにあるのでしょう？　共通の基盤となる確信、正義と社会参与についての共通のイメージ、あらゆる障害に抗して保たれた、たくさんの交流。教会は常に、そうした障害の克服に大きく関わっています。教会の教えがヨーロッパにおける共通の価値の重要な基盤になっているからというだけではありません。わたしたちはヨーロッパにおいて、その共通の価値を忘れてはならないのです。欧州憲法条約について議論していたとき、少なくともわたしが属する政党〔キリスト教民主同盟〕では、ドイツの基本法と同じように、神との関連がヨーロッパの条約にも根を下ろすことを望んでいました。なぜならわたしたちは、絶えず自分たちのルーツについて考えるべきだからです。人間は宗教によって生きており、人々は自分たちが神の被造物であって、被造物としての生を地上で形作るのだという理解によって生きているのです。

ローマ教皇ベネディクト十六世はくりかえし次のことを指摘しました。ヨーロッパの世俗化、教会と国家の分離があっても、わたしたちは神への信仰なしでは――いまここには多くの宗教共同体の代表の方々がおられますが――すぐに傲慢になってしまい、人生の目的がどこにあるのかを見失いやすい、そのことをけっして忘れてはいけない、と。だからこそ常に神への信仰を自分たちの言葉において顧みるべきですし、日々の政治のなかでもそのことに配慮すべきなのです。

政治は人間の結びつきを促進することはできますが、強制することはできません。わたしたちは、自分では創り出すことのできないものによって生きています。一体感の基礎となる感覚は、政治以前の空間で形作られます。そこでは教会が中心的な役割を演じます。教会が他者に向かって開かれ、隣人愛を求めること、人間は過ちを犯す存在であるけれど、助けられ守られる存在でもあると認めること――こうしたことすべてが、社会に対する考え方を特徴づけ、その考え方に基づいて政治が行われうるのです。しかし、その考え方を政治が創り出すことはできません。そのような基本的な態度と倫理的な確信を、政治は別なものから受け継いでいかなくてはならないのです。でなければ、政治は空振りに終わってしまいます。だからこそ、いまみなさんがミュンヘンで行っているこの会議は、重要ですばらしいものであり、人々にインスピレーションを与えるのです。ここからは連帯感と安定した共同体が生まれてきます。国々の共同体も、人々の共通理解と結びつくことによってのみ、うまくいくのです。わたしたちヨーロッパ人は、自分たちを共同体だと感じています。わたしたちはローマ条約〔一九五七年に調印された欧州連合の二つの基本条約〕調印五十周年記念日を、ドイツがEUの議長国だった期間にベルリンで祝いましたが、その際こんなふうに言いました。「わたしたちはヨーロッパ人――幸いなことに、わたしたちは一つとなった」。

わたしたちはますます狭くなっていくネット社会のなかで、経済と社会の共通モデルを持っており、自分たちの使命を自覚しています。しかしわたしたちは同時に、ヨーロッパ大陸が何世紀にもわたって苦労しつつ、特に一つのことを学ばねばならなかったのも知っているのです。その一つのこととは、人々が人間の尊厳や自由、責任について共通の理解を有するなら、たとえそれぞれの違いはあっても穏やかに調和できるということです。そして、それがあってこそ、平和な共生も可能なのです。ヨーロッパという家は、この認識の上に建てられています。現在ではその屋根の下に五億人が暮らしています。これらの人々は本質的な確信を共有し、平和と繁栄のなかに生き、個人の尊厳を犯すことは許されないという考えを受け入れ、それを信じ、ヨーロッパの異なる宗教のなかにあっても尊敬と寛容さを持ちつつ生活が営まれることを示すのです。

ヨーロッパというこの家は、一夜にしてできたものではありません。何世紀にもわたる苦労と、諍い、戦争、残虐な行為などの後に、ようやく完成しました。わたしたちドイツ人以上にそれをよく知る者がいるでしょうか。現在ではヨーロッパの家は堅固になり、ほんものの共同体になったとわたしは思っています。ヨーロッパ統一の父たちは、それぞれの違いから生じる溝を埋めるという奇跡を見事にやってのけたのです。かつてドイツとフランスの関係が不倶戴天の敵同士と言われていたことを考えるだけでも、今日ではわたしたちが幸いにもそれを乗り越えているのがわかります。

ヨーロッパ統一の父たちは、過去を念頭におきつつ、すなわちドイツが始めてしまったショアー〔ナチによるユダヤ人虐殺。ホロコーストとも〕や戦争による文明の破壊を自覚しつつ、未来を形成することをやり遂げました。わたしたちはヨーロッパ大陸の分断を克服し、EU拡大のための転轍器を設置しました。今日では、競争に強いヨーロッパ、危機に揺るがず、国際的行動のできるヨーロッパを作り上げることが、政治的に活動している人々の課題です。大きな挑戦ではありますが、ヨーロッパがこれまで克服してきたことに鑑みれば、達成可能な挑戦でもあります。

最近は、ユーロ圏の債務危機を乗り越えることが問題になっています——この危機についてはは多くの専門的概念によってくりかえし説明がなされていますが、これらの概念はわたしたちの生活を変えるように要求してきます。つまり、持続可能な生き方をすること、絶えず未来の人々に負担をかける形で資源を消費するのではなく、将来の世代のことも考えるということです。これもわたしたちの共通理解であるべきですし、そうなるだろうとわたしは確信しています。みなさんの祈りと、みなさんが行うさまざまな催しによって、ヨーロッパが豊かな大陸であることを明らかにしてくださるよう、お願いします。未来の世代の富を消費せずにやっていくことが可能なはずです。そうすることによってのみ、わたしたちは平和と民主主義を保っていけるでしょう。

あらゆる困難にもかかわらず、社会的市場経済の原則と組み合わされた民主主義、法治国家、そして言論の自由というヨーロッパのモデルは、くりかえし強められていくべき価値を持ちます。世界の他地域で多くの人々がヨーロッパ人に注目していることを、わたしたちは知っています。なぜなら、平和な共生というビジョン、人権の保持というビジョンが、わたしたちのところでは現実となっているからです。まさにそのための奮闘が、いまだ世界の多くの地域で続けられています。しかし、最近のわたしたちは、希望に満ちた発展のニュースも耳にしています。北アフリカでこれまで堰き止められてきた自由への憧れに対して一気に道が開かれてから、まだ一年も経っていません。とりわけチュニジアとエジプトでは、何千もの人々がまず路上に出ていきました。この運動はアラブ地域でますます多くの国を捉えましたし、いまも捉えつつあります。目下のところ、わたしたちはリビアとシリアにおける重大な問題の前に立たされていますが、闘い取るべき価値はいつでも一つです。つまり、個人の尊厳はけっして犯してはならない不可侵のものだということです。これが、この世界で政治的責任を担うあらゆる者たちが、一歩ずつそのために働き、活動していく原則であるべきです。男性も女性もこれまでずっと、自分たちの人生をよりよい未来のために、より多くの民主主義と法治性のために、捧げる準備をしてきました。アラブ世界ではまさに若者たちが、自分たちの未来への展望を求めています。こうした展望をすでに手にしているヨーロッパのわたしたち以上に、この気持ちをよく理解できる者がいるでしょうか？　アラブの人々も経済的・政治的参与を求めています。貧困や横暴な国家と妥協したくないのです。それに対して、わたしたちは支援をしていきます。

だからこそ、いまあるたくさんの希望が失望に変わってしまわないことが、よりいっそう大切です。ヨーロッパの強さからは、責任も生じます――まさに変革の時期にあるこれらの国々の若者に対する、具体的な援助と支援の責任です。そういうわけで、たとえばエジプトで五千人の若者たちに企業での職業訓練や現地での就職の機会を与える活動の協定を結ぶときに、ドイツの企業や在外商工会議所がイニシアチブをとってくれたのは、ありがたいことです。そのような具体的で自発的な活動がたくさん行われる必要があります。どんな人にも、自分の可能性を試す権利があるのですから。アラブ世界での変化は、ヨーロッパでも多くの人々を突き動かしています。北アフリカはヨーロッパの隣接地域です。わたしたちは地中海によってつながっています。隣接地域が安定することは、わたしたち自身の関心事でもあります。それはまさしくイスラエルにも当てはまります。イスラエルでは、アラブ地域の変化を眺める目に、懐疑と自らの安全への懸念も浮かんでいます。これは非常によく理解できることです。つい最近のエジプト国境での事件と、金曜日から土曜日にかけてのカイロでのイスラエル大使館襲撃を見れば、どれほど事態が緊迫しているかがわかります。エジプト政府は、こんなことが二度と起こらないよう配慮しなくてはなりません。

ちょうどいま、まさしくこの時期に、非常に難しく思える条件にもかかわらずわたしたちが中東の平和へのプロセスにおいて前進できるかどうかが重要になっています。ドイツはこのためにたくさんの力を注いでいます。わたしたちは、承認された境界線内におけるユダヤ人の民主主国家としてのイスラエルと、継続可能なパレスチナ国家との、二国家体制による解決を望んでいます。それ以外の方法では、この地域における持続的な平和には到達できません。これがイスラエルにもパレスチナにも痛みを伴う妥協を意味することはわかっています。しかし——みなさんは何にもましてそのことをよくご存じですが——平和にはあらゆる努力を払う価値があります。その努力を、ドイツや国際共同体はもちろん後押しすることでしょう。国連の調停までに残された日々を無駄にしないように、まずは中東の四者会談において、平和への話し合いに入ることを難しくするのではなく、むしろ容易にするための道を見出すべく、全力を傾けるべきです。

聴衆のみなさん、中東であろうと、アラブ地域であろうと、その他の場所であろうと——人権がきちんと守られてこそ、発展も持続していくのです。人々の基本的なニーズを補うため、喉の渇きをいやして空腹を満たし、病気を治し、教育および職業と社会参加を保障するために、わたしたちはこの世界での発展を必要とします。その際、人権に配慮する人だけが、信頼に足る発展の基盤を創り出します。同じことは、自然環境の保護にも当てはまります。いまやこの地上に、七十億もの人間がいるのです。わたしはあらためてデータを見てみました。第二次世界大戦直後の一九五〇年には、世界の人口はまだ二十五億でした。いまでは七十億の人々が、豊かな生活と人間としての尊厳を求めています。注意深く、持続可能な形で、神による創造の物語を念頭におきながら自然の資源を扱っていかなくては、これは実現できません。「地を従わせよ」〔創世記一章二十八節〕――これは、乱獲せよという意味ではなく、長期にわたって人間が幸福に生きるための命令でした。

ですから将来、発展のための共同作業が問題になるとき、また自然環境の保護が問題になるとき、平和を保つのか戦争をするのかということも基本的な問題になるでしょう。わたしたちが持続可能な経済という問いにどんな答えを出すかによって、世界が平和でいられるかどうかが決まります。自然界の資源を効率的に、フェアに注意深く扱うことが、将来の世界の形成にとっては最重要課題です。そこで問題になるのは、わたしたちが未来を保証するのか、それとも未来を浪費するのかということです。これは非常に道徳的な問いで、政治だけの力ではこの問題を解くことはできません。この問題を自分自身の関心事としている人々と政治が出会うときのみ、解決が可能です。この点において、ヨーロッパやドイツにいるわたしたちにも関わりが生じてきます。わたしたちの強さから責任が生じるのです。工業国が持つ強い力に対して、持続可能な経済について考えるべき特別な責任が求められています。

その際、わたしたちにはまず第一に、自分たちが享受する繁栄の代価を払う義務があります。これ以上、負担を他に押しつけることは許されません――他の地域にも、未来の世代にも。第二に、わたしたちには日常生活において、持続可能性をより強く意識することが求められています――エネルギーの使い方や、消費や生産の決定に際して。第三に、過去の過ちをくりかえすことなく、開発途上国や中進国を繁栄への道へと導くことが、わたしたちに求められています。例として、たとえば気候変動、エネルギー政策、エネルギー消費というテーマがあります。同様に他の問いについて、たとえば生物多様性、種の豊かさについて、話をすることもできます。

国際的には、常に次のような問いが出されています。わたしたちは他者にどれくらいの発展を認めるのか？　繁栄が持続可能な経済によって到達可能だということを示すのに、自分自身はどれくらい模範たりえているか？　このために、わたしたちは国際的な合意を必要とします。世界はもはや国家単位では治められませんし、特定地域の組織にもそれはできません。だからこそ、国連がこれほど中心的な役割を果たすようになったのだと思います。そう、百九十以上の国々と常に融和を保つのは複雑なことなんです。世界人権宣言は、第二次世界大戦の経験という、非常に直接的な力が働いて成立したものです。もし国連の加盟国が自分たちの調印した内容を守れば、世界はいまよりもずっと平和になるだろうと思います。この世界でいつも声をあげ続けているみなさんを、さらに激励したいと思います。世界人権宣言が守られていない場所を、大声で名指してください。そのためには、拘束力のある取り決めを結ぶ必要もあります。たとえば気候変動についての協定に関しては――他の多くの協定についても同じことが言えますが――あいかわらず大がかりな問題を解決する必要があります。しかし、ここで申し上げたいのは、わたしたちが世界中ですでにたくさんの厚い壁に穴をあけてきたこと、たくさんの封鎖を破ってきたことです――ですから人類全体として、共に責任を持って自然界の資源を扱っていく方法も、きっと学べるでしょう。わたしはそのことを、強く確信しています。

サン・エジディオの平和会議は、こうしたことすべてに対して大きな貢献をしています。みなさんは異なる文化圏の人々を一堂に集め、国境を超え、人々の絆を鋭く見つめていますが、そのことによって計り知れないほどの功績をあげています。こう申し上げてよければ、みなさんとわたしは、人間の尊厳や平和、自由、人権を求める闘いにおける同志でもあるのです。

過去数年のあいだに、何がわたしたち人間を一つにし、何が分裂させるのかという問いが、宗教に向けてより強く出されるようになりました。誰が何を信じているのかということに、これまで以上に公的な関心が寄せられています。この時代の問題を克服するのに信仰の力が必要であることを、人々が感じているからです。宗教間の対話に新たな人気が集まり、新しい風が吹いています。これはポジティブな点です。一方、ネガティブな点にも言及しなくてはならないのですが、それはこうした発展の背景にあり、それを後押ししているできごとです。宗教は現代においても、言語道断なやり方で、とりわけテロを正当化するために悪用されているのです。二〇〇一年九月十一日のテロ攻撃で見たとおりです。みなさんがこの集会において追求している宗教間の対話、宗教間の連帯は、それゆえいっそう重要になってきます。なぜなら、宗教は人間を神の被造物と見ているという一点は明らかだからです。だからこそ、九月十一日に何千という規模で起こった被造物の破壊は、その後にわたしたちが体験したことと同様、宗教が願っていることとはまさしく正反対です。

今日、世界中で九・一一のテロ攻撃による死者のことを思い起こすとき、わたしたちはテロの犠牲者のことを思い、亡くなった兵士のこと、殺された警察や機動隊の人々、テロを食い止めようと足を踏み出した多くの救援者のことを思います。この思いと共に、わたしたちは次のようなメッセージを世界に伝えます。それは、人間に生まれつき備わっている自由への憧れは、テロや弾圧によって消し去ることはできないということです。自由を滅ぼすことはできません。今日でも人々はくりかえし、攻撃の手段や方法を見出しますが、そんなことでわたしたちの確信を奪うことはできません。国家共同体はこれからもそのための活動をしますし、しないわけにはいかないでしょう。最後の手段として軍隊を使うべきかどうかについては、みなさんのあいだでもきっと激しい論争があることでしょう。軍隊は必要だとわたしたちは信じていますが、軍事的手段だけで平和をもたらすことができるとは思っていません。平和はたくさんの人々の活動によってのみもたらされるのです。

わたしたちはもちろん、平和や自由の敵と付き合う方法も学ばなければいけません。あなたがたの平和集会のきっかけとなった一九八六年当時の状況とは違って、わたしたちは今日、人々が間違った目的のために命を捨ててしまう、すなわち他者を殺すために命を捨ててしまうような危険と関わっています。格差から生まれる非対称脅威と呼ばれているものと、わたしたちはこれからも取り組み続けなければならないでしょう。貧困との闘い、不正との闘いは、テロリズムの根を断つのに有効な手段だと思います。みなさんとわたしは、まさにその点において一緒に働いていています。

危機を回避するための最も効果的なやり方は貧困の克服であり、これからもそうであり続けると思います。そのことを、サン・エジディオのみなさんも、くりかえし指摘してこられました。サン・エジディオ共同体が始まった一九六〇年代末以来、その活動は貧者への奉仕に向けられてきました。その活動は人々の苦しみを和らげると同時に、貧困の原因をも問題にしてきました。一つの重要な認識は、戦争があらゆる貧困の父であるということです。その逆の推論から、平和はあらゆる発展の母になれると言うことができるでしょう。――いまわたしが使った「父」「母」という分類を悪くとらないでください。これは実際の性別とは関係なく使った言葉です。

ですから、サン・エジディオのみなさんには、世界により多くの安定をもたらすために、みなさんの人間関係や友情を地球上で活かしてくださっていることに感謝したいと思います。この社会参加は、キリスト教的な平和活動の重要な礎石です。心からお礼を申し上げます。ロローマ教皇ヨハネ・パウロ二世は、二十五年前のアッシジでの集会で次のように言われました。「平和というのは、健康だけれど病気にかかりやすい人のようなもので、常に手厚い世話を必要とします」。どの世代の人々も、新たな試練や危険から平和を守らなければいけません。危険を認識するのは仕事の一部に過ぎず、断固としてその危険に立ち向かうことがもう一つの仕事です。そのなかに、わたしたちに共通する任務があります。そのために、もう一度ヨハネ・パウロ二世の言葉を引用することをお許しください。「わたしたちは、霊と心を人類という家族の統一に向け、思想においても行動においても平和を生み出す人になれるよう努めようではありませんか」。この言葉はわたしたち全員に向けられているのだと感じ、励ましを受けることができるでしょう――ドイツ連邦共和国にゲストとして来てくださっているみなさんも、そしてわたしたち政治家も。

サン・エジディオ共同体とこの平和会議のすべてのゲストに対して、いつも多くのすばらしい創造的なやり方によって和解と相互理解のために道を備えていてくださることを、感謝したいと思います。

Ⅳ　社会と正義

どの時代も独自の賢明さを育てなければいけません

二〇一五年六月五日、ドイツ福音主義教会大会にて

変化を生み出し、状況が変わることを恐れない――おそらくはこれが、アンゲラ・メルケルの政治における最強の主題だろう。彼女自身、ベルリンの壁の崩壊によって人生のドラマチックな変化を経験した。ひょっとしたらそのせいで、他の人よりも勇敢に変化に向かっていけるのかもしれない。メルケルはドイツ人に対して、変化への勇気を持つことをくりかえし強く勧めてきた。それはとりわけ、グローバリゼーションとデジタル化に当てはまる。登場するたび、スピーチをするたび、彼女がこのスローガンを口にしないことはほとんどないと言っていい。他にも大きな危機が迫っているかもしれないが、彼女は変化への準備を説き続ける――それが教会大会の席であっても。

ここにおられるみなさんの多くは、最初に手にした携帯電話のことをまだ思い出すことができるでしょう――最初のデジタルカメラのことも。それはまだとてもかさばるものでした。最初のラップトップはほとんど持ち運べないほどでした。さらに、最初のナビゲーションシステム。とてもややこしいものでした。絶えず、次のような問いが浮かんできたものでした。これ、使わなくちゃいけないの？　現在ではほとんどすべての人が、かつて最初の月面着陸を操作した際のコンピューターよりも性能のいいスマートフォンを所有しています。わたしたちはスマホで通信し、ネットサーフィンをし、音楽を聴き、動画を撮り、写真も撮影し、買い物をし、本を読み、仕事をします。ついでにまだ電話もします――それが全部、小さな機器でできるのです。もしもスマホがなくなったらたいへんなことですね。

ドイツの人口の約八十パーセントが定期的にインターネットを使っているそうです。人々はメールを書き、調べ物をし、大部分の人はソーシャルネットワーク（ＳＮＳ）も利用しています。一緒に座って直接話をしている相手よりも、スマホで連絡してくる相手の方が優先されているのではないかと心配になることがあります。これは、わたしを神経質にさせる事柄の一つです。特に衝撃を受けたのは、美術館に来るお客さんたちを見たときです。彼らはもはや、鑑賞すべき作品をじっと見ることはなく、それを写真に撮り、ただちに送っているのです。彼らがいつの日かもう一度、この美術館を訪問した者としてその写真を見返すことがあるのか、また写真を送られた人たちが少なくともそれをきちんと眺めるのか、疑問です。

　職場でも学校でも大学でも家でも、わたしたちはますますネットにつながれています。デジタル化があらゆる生活領域に及んでいるということにほかなりません——そして、教会にも。どの教会も、ネット上で何らかのサービスを提供しています——オンライン信仰講座、聖書ブログ、チャットによる牧会〔牧師や神父による信徒の信仰上のケア〕、聖書の知識を持たない人に対しては、もちろんオンラインで聖書のあらゆる箇所を、音声や文字で紹介しています。それも、あらゆる版、あらゆる翻訳が揃っています。きっとみなさんの多くが、教会大会についての最新情報を得るために、今日では「教会大会アップ」（Kirchentags-App）というアプリを使っておられるでしょう。このような急速なデジタル化の発展を前に、こう問わずにはいられません。これは、わたしたちを賢くしてくれるのか？　どんな言葉もインターネットで調べられるから？　スマホがあれば知らない町でも道案内してもらえるから？　ネット社会ではどんな質問でも即座に答えてもらえるから？　それとも、そのことによって頭が悪くなる場合もあるのだろうか？　わたしたちが新しい可能性に頼りすぎているから？　何でもすぐに保存できていつでも呼び出せるので、電話番号や住所さえももう記憶する必要がないから？

　わたしは次のような確信に至っています。どんな時代も、独自の賢明さを育てなければいけません。どんな時代も、自分たちがどのように日常を生きていけるのかを理解する必要があります。デジタル化によって、もちろんこれまでとは違う能力が必要となるでしょう。しかし、それでも残るものはある種の賢明さ、正しい行いをするのを助けてくれる賢明さです——いわば理性の実践、とでもいうような。賢明さは、わたしたちが熟慮し、慎重に吟味し、推論するときに現れるものです。賢明さがあれば、ふさわしい行動へとつながる洞察が得られますし、わたしたちはその際に――ドゥーデンの辞書〔ドイツ語の代表的な辞書〕に載っている「賢明な」(klug) という言葉の説明を利用させていただけば――鋭い判断力を駆使して意味ある分別をそなえた態度を取ることができるのです。そうした包括的な意味における賢明さを身につけるならば、どんなに複雑な変化にも対応していけるのではないでしょうか。つまり、チャンスに気づかなければいけません。わたしはそう考えながら、デジタル世界の変化を見ています。わたしたちはチャンスを認識し、利用しなければいけません――それは、生活の質を高めるチャンス、よりよい教育のチャンス、経済的な成功のチャンス、より柔軟に、より個性的に生きるチャンスです。デジタル化は、エネルギー転換や人口変動にうまく対応したり、健康保険制度を改善したりする助けになりえます。

しかしそれはもちろん、デジタル化と共に訪れる挑戦にも立ち向かっていかなくてはならないことを意味します。まず第一に、どうすればすべての人がデジタル的な変化に参加できるのでしょう？　第二に、ネット上のセキュリティとネットに対する信頼は、どのように強化できるのでしょう？　第三に、雇用の場を守り、新たな雇用を生み出すために、新しい技術的な可能性と経済とをどう結びつけたらよいのでしょう？　ドイツにいるわたしたちは、デジタル化と付き合ううえでの賢明さを育てていくことができるはずです。でも、世界にはドイツ人だけがいるわけではありません。わたしたちの態度が、他の人々の態度と比較して、繁栄や価値の創出のために何を意味するのか自問する必要があります。どこにポテンシャルがあり、どこから誤った方向への発展が始まるのか、見極めて区別することができるかどうかにかかっています。

そのためにはもちろん、価値体系や価値観念が必要です。その際に問われなくてはいけないのは、あることがデジタル化されたらアナログ時代とはまったく変わってしまうのかということです。わたしはそうは思いません。わたしたちの価値観、自由や正義や連帯といった観念を特徴づけている価値基準は、わたしたちがいまデジタル化されたコミュニケーションをしているという理由だけで変わるはずはないのです。ドイツの基本法第一条に書かれている個人の尊厳の不可侵性ということを考えても、わたしたちには変わらない基準が必要です――少なくとも、わたしはそう確信しています。何かがデジタル化されたからといって、ドイツ連邦共和国におけるわたしたちの共生についての基本的な考え方が変わることはありえません。それは存続し続けねばならないのです。

ですからわたしは、ドイツ福音主義教会総会が基本方針において宣言したことに全面的に賛成します。引用します。「デジタルの倫理はわたしたちにとって、人間の幸福と、自由で公正な社会を基準とする」。

ルターの宗教改革を振り返るこの時期は、デジタル化についての議論を歴史的に整理するすばらしい機会も提供してくれていると思います。教会史に目を向ければ、メディアの技術革新が何をもたらしうるかは明らかだからです。ルターの時代には印刷術が宗教改革の始まりを助けたのでした。印刷術と文書の普及、そしてルター訳聖書の普及がなければ、宗教改革が当時のヨーロッパであれほど急速に拡がることはなかったでしょう。だからこそ、宗教改革の記憶はわたしたちにとって、現代における変化を率直に、好奇心を持って迎えるための刺激となるべきです。

デジタルの世界における変化に関与する可能性を開くために、わたしたちはもちろん政治的な導きも必要とします。連邦政府は現国会の任期、すなわち二〇一四年から一七年までのために、「デジタル・アジェンダ」を発行しました。すべての人が参加することがとても重要だ、と申し上げておきます。そうしなければ共通の基準を創り出すことができず、社会の分裂につながります。それはまず、国中にちゃんとしたブロードバンドが必要だということを意味します。これは、大都市圏や人口密集区域では経済的投資によって自然に行われます。しかし田舎では、誰もが同じようにネットに参加するというのは自明のことではありません。でも、だからといって田舎を簡単に切り捨ててしまったら、まったく新しい分断が起こるでしょう。ですから、国のなかで公平な政治が行われるように配慮することは、大きな課題の一つです。

わたしたちは、二〇一八年までにどの世帯にも毎秒最低五十メガバイトのブロードバンドを備えることを目標にしています。しかし、二〇一八年には多くの人々にとって、この容量ではとっくに足りないだろうということもわかっています。ネットで写真を拡散することは、今日では誰もが当然のように思っています。映画も観たい、動画もほしい、もっと集中的にネットを使いたい。もしも自動運転や、田舎ではもちろん重要となるテレビ診察や、その他多くの新しいサービスを導入するならば、いまとはまったく違う周波数の帯域幅が必要となるでしょう。

連邦政府は、ドイツの企業がこれからも競争力を保って働ける枠組みを作るために配慮しなくてはなりません。「インダストリー４・０」〔ドイツ政府が推進している技術政策。第四次産業革命とも〕という構想のもと、わたしたちは企業内の機械と生産が互いに連携するような前提を作り上げることに取り組んでいます。世界ではまだ現実視されていませんが、今日の生産プロセスは基本的に計画可能です。それがデジタルでシミュレーションされうるからです。工場は、いわばデジタル工場として生まれるのです。そのなかで自動車や機械部品がテストされます。価格の予想や欠陥品の分析もそこで行われます。そのあとで初めて、未来の姿が現実において成立します。どんな発展も、まずはシミュレーションされます。もちろんそれによって失敗を回避できます。しかし、そもそもそれにふさわしいデジタル能力を使いこなす必要もあります。

経済界で今後実現されそうなのは、機械と生産部品が互いに交信し、すべての重要なデータを集約して、このデータによってまったく新しい製品や使用法が生まれてくるような時点が訪れ、いつ何がなされるべきかという整備のヒントや他の多くのヒントが得られるような状況です。これによって、欠陥品や失敗はいまよりも少なくなるでしょう。

しかしそれだけではまだ充分ではなく、連邦政府は、消費者が自分の欲しいものをもっと直接注文できるよう努力しなくてはなりません。そのため、生産拠点と購買者をつなぐ場所は、ある企業がほんとうに消費者をわくわくさせるような製品を提供していけるかどうかを決定づける重要なポイントとなります。何かを生産している人が供給者でもあり、消費者のほしいものが置かれている棚の延長であるという事態が訪れるかもしれません。そして、消費者と企業の接点に、主たる生産者がいたりするのです。他のすべては宅配業者に過ぎません。しかし、売り場にいる人が市場では大きな権力を持っていることも、わたしたちは知っています。つまり、わたしたちは企業の生産に気を配るだけでなく、顧客データもうまく利用できるように配慮しなくてはならないのです。巨大なアメリカのネット企業だけに顧客データを委ねていてはいけません。彼らは顧客についてたくさんの情報を手にしており、今後ひょっとしたら生産者に変わっていくかもしれません。

ヨーロッパは——ここでわたしが申し上げるのは、目下のところグーグルもアップルもフェイスブックもその他の類似企業も所有していないヨーロッパ全体のことですが——産業における価値の創出に専念するだけではなく、個人が保護されるような形で膨大なデータを処理するのに適した枠組みを作り出せるよう留意しなくてはなりません。ヨーロッパでは目下そのことについて議論しています。ですから、わたしたちはネットビジネスを拒否するのではなく、消費の分野においてどのようにしたらもっと多くのヨーロッパ企業が参入できるかを考え、スタートアップを援助するべきです。なぜなら、わたしたちはこの点で世界的な比較においては現在のところ、先頭に立っているとは言えないからです。

こうしたあらゆる事柄についての話を、いまこれ以上広げたいとは思いません。それは、議論のなかで行うことができるでしょう。ただ申し上げたいのは、連邦単位でも州単位でも政府は人々が教育を受け、新しい技術を使いこなせるように配慮しなければいけないということです。これは高齢者に当てはまります。そして、若い世代にも当てはまります。彼らは――いわばデジタルの基礎知識を身につけたあとでも――ネットの情報をやみくもに信じるのではなく、自分の判断を常に持ち込むことができるようなメディアとの付き合い方を学んでいかなくてはなりません。そこでは学校や大学が決定的な役割を果たすことになります。

職業のイメージも変わっていくでしょう。その際、一つの点がとても気に掛かっています。「デジタル」という言葉を聞くと、すぐに何らかの学問的な挑戦のことを考えてしまうのです。大学教育を受けなければデジタルの分野では働けないと考えてしまうことで、ドイツの大きな強みである職業訓練が大学以外で弱体化していくことがないよう、気をつけなくてはなりません。特殊技能工や専門技術者の職業訓練も、デジタル分野の能力がはっきりと打ち出された現代的な職業イメージを持つことができるように、変えられていくべきです。このことについて、わたしたちは昨日も財界人たちと話し合いました。

データ保護という大きな領域について、わたしたちはどれくらいの保護や個人的安全を望み、どこまで自分たちのデータを差し出す覚悟があるのでしょう。この点についてはとりわけ若い人たち、ときには年配の人たちも、非常にオープンであるのが一方では見てとれます。多くの人たちが、自分たちが何を提出し、いわば永遠にさらし続けているのか、正確には理解していません。他方では――これについてはいまお話しできるかと思いますが――次のような問いが出されています。そもそも、どの情報が誰のものなのか？　匿名化された情報の場合は比較的簡単です。そこでは非常に多くのことを、医薬品の使用、環境保護の適用、商品の生産などについて、学ぶことができます。これは、広範囲にわたって危険のないことです。

しかし、自分の個人データが他の多くの人たちと同じように公開されてしまうとしたら、赤の他人に利用されるかもしれないのに、どれくらいの個人情報を差し出したいと思うでしょう。それについては社会のなかで議論していかなくてはなりません。その際、インターネットのなかではすべてが現実の生活とは違うかのような議論をすべきではないと思います。そんなことをしたら分裂症になってしまいます。現実の生活において自由の制限がある場合、インターネットなら何でもできる、何でも言える、何でもしていいし、何でも煽れる、そこには制限がない、などと言うことはできません。こうした見解を述べると、たちまち古風だと見なされます。しかし、この点については惑わされてはならないのです。自由とは、常に他者の自由でもあります。他者の生活圏を狭めてしまうのなら、そこでわたしの自由は制限されるべきです。このことは、ネット上でも現実の生活と変わりません。

なるべく早く討論に移るために、コンラート・アデナウアー〔第二次世界大戦後の初代西ドイツ首相〕の言葉でこのスピーチを終えたいと思います。彼の時代にはスマホはありませんでした。彼は言いました。「我々は経験を積むことで賢くなる。経験とはそこから賢明さが育ってくる種のようなものだ」。その意味で、新しい世界に好奇心を持ち続けましょう。しかし、これまでドイツ連邦共和国におけるよき共生を可能にしてきたわたしたちの基準は、忘れないようにしましょう。

社会における人々の結びつき

二〇一二年五月十八日、マンハイムでの第九十八回カトリック大会にて

アンゲラ・メルケルは理念からではなく具体的な問題から政治を考える。彼女の政治の方法は、そんなふうに類型化できるだろう。その結果、彼女は演説で家族を感情的に賛美したり、連帯や相互扶助についてのキリスト教的なイメージを伝えるために、レトリックを駆使した力業を試みたりすることはしない。むしろ彼女の出発点は常に「現状」にあるのだ——そして、現時点でとりわけ問題となるのは、人口変動である。社会における年齢構成の変化は、メルケルにとって目下のところ、グローバリゼーションと並んで、政治的行動にとっての最大の案件である。メルケルらしいのは、分析の過程でやはり理念に戻っていくことだ。ただ、最初に理念をおくことはしないのである。

医師であり神学者でもあったアルバート・シュヴァイツァーが、かつて次のような言葉を述べました――「いま手を抜いたことを、未来で修復することはできない」。これは、物事の核心を示す言葉だと思います。これをさらに強調することもできます。「わたしたちが今日すること、しないことが、明日世界がどのように見えるかを決定する」。

もちろん、未来が詳細に至るまで製図板で設計され、一つ一つ実行に移されるわけではありませんし、リスクも常に存在します。でも、だからといって次のことから目を逸らしていいわけではありません。すなわち、わたしたちが今日すること、しないこと、そのすべてが、未来の一部を描いているということです。ですから、不確実な要素がいくつもあるからといって、それを理由に何もしないことは許されません。そのことを、みなさまもカトリック会議のモットーに掲げておられますね。「新たな覚醒へと踏み出す」。この言葉は、わたしたちの責任を自覚することを意味しています。

自然災害などの運命の打撃に直面した際に、何かしなくては、行動を起こさなくては、と思わない人はほとんどいないでしょう。しかし、何年にもわたるスパンでゆっくりと忍び寄ってくるプロセスの場合には、反応はまったく違っています。その際にはしばしば、差し迫った行動をとる必要はないのではないかと期待してしまいます。人口変動の場合にもこれが当てはまります。

「人口変動」という概念には、いかにも技術家政治《テクノクラシー》の響きがあります。しかし、この概念はいまこのホールに集まっているわたしたち一人一人に該当するのです。ゆっくりとした変動ではありますが、生活のあらゆる領域に押し寄せてきます。家族や仕事の世界から老後の生活に至るまで。人口変動は一夜にして訪れるわけではありませんが、強力な影響とともにやってきます――一歩ずつ、予見可能な姿で、とどめようもなく。そこには、アロイス・グリュックさん〔一九四〇年生まれの政治家、キリスト教社会同盟所属〕が先ほど話したようなチャンスも含まれています。わたしたちは正しいタイミングで変化に備えることができるのです。新たな覚醒へと踏み出すことができます。その際、常に次のことを意識しなくてはなりません。わたしたちが課題を先延ばしにすればするほど、適切な対応が難しくなるということです。新たな覚醒へと促す変動の革新は、短い言葉でまとめることができます。わたしたちの人口は減少し、多様になり、とりわけ高齢化するということです。メトセラほどの高齢になるのはさしあたり無理かもしれませんが。創世記によれば彼は九六九歳まで生きました。しかし、ドイツではますます多くの人たちが、「ご長寿」と呼べる年齢を享受しています。ですからこれは、期待に満ちて未来を見る理由になると申し上げたいと思います。寿命が延びるということは計り知れない利益を手にすることです。肉体的にも精神的にも健康な多くの高齢者が、この利益を活用しています――自分のために、そして他者のためにも。社会の一員であるわたしたちは、このチャンスをうまく活かさなくてはなりません。

多くの高齢者が家族を支えたり、社会的なプロジェクトに参加したり、さらに教養を積んだり、働きに出たりしています。そこにはほんとうにたくさんの、個人的な覚醒があるのです。それは、さまざまな領域に反映しています――ここではいくつかのキーワードを挙げるだけにしますが、あとでそれについて議論できるでしょう。複数世代が住む住宅。隣人ネットワーク。年齢に合わせた労働の形。つまり、人口変動は将来の話ではありません。それはもう始まっています。わたしたちもそれに対応し始めなければいけません。

連邦政府は内務省の主導のもと、たくさんの省庁と共に人口戦略を練っています。その戦略でこの複雑な変化に対応したいと思っています。連邦政府だけではそれができないこともわかっています。市町村や州の協力が必要です。市民のみなさんや各種団体、ボランティアの人たち、そしてもちろん教会の協力も。

鍵となるのは、一人一人をその必要と能力に応じて見ていくことです。どの世代も何かを必要としています。どの世代も、できることを持っています。みなさんは、わたしが何について話しているのかおわかりでしょう。一人一人の苦難と賜物に目を向けることは、キリスト教的な自己理解にも当てはまります。神への献身は常に人間への献身でもあります。ローマ教皇ベネディクト十六世は、最初の回勅「神は愛なり（deus caritas est）」において、特にこのことを強調しました。

どんな人にも、年齢に関係なく自己を成長させ、社会に参画するチャンスがなければいけません。これは、わたしたちが抱いているキリスト教的な人間像からすれば当然の帰結です。ドイツにおける人々のつながりと繁栄を形成し、維持するための前提でもあります。そんなときに若者と老人の利益や要求をぶつけ合って争うのでは意味がありません。家族であれば、いずれにしてもそんな争いは念頭に浮かばないでしょう。家族とはその定義からして、すでに若者と老人を含んでいるからです。ですから家族は、異なる世代同士が互いに責任を持ち合う自然な場所であり続けるでしょう。そのために、人口変動について熟考する際には、いつも家族のことから始めなければいけません。

家族が自発的に成し遂げていることを、国家機関が肩代わりすることはけっしてできないでしょう。ですから家族には、次の二つのものが与えられます。一方では、基本法にも定められている国家による保護。他方では、どのように生活するかを決める自由です。どんな家族も、どの生活モデルが最適なのかを自分たちで決定するべきです。これが、ドイツ社会でいま大いに議論されている選択の自由です。

みなさん、だからこそ職業と家庭生活のバランスというテーマも、常に家族の側から見ていくべきなのです。職場の側でも従業員に対する期待は持っているでしょうが、そのせいで家庭生活が完全に経済的視点に支配されることはありえませんし、あってはなりません。むしろ、人間的な社会では家族の期待を感じ取っていくべきです。ですから、家族としての義務を引き受ける男女に対しては、職場の側でももっと敬意を払う必要があります。

家庭内では短い期間にたくさんのことが同時に起きるということも、常に念頭におかなければばいけません。子どもを持つという決断、昇進のチャンス、そしてしばしば上の世代に対する責任も。次々と生じる義務によって起こる歪みを補正すべきです――あらゆる世代において、一生にわたって。わたしはそのことを強く確信しています。しかしこのことは職業生活の多くの分野において、家族のための時間をよりよく分担できるよう、人々にもう少し考えをあらためてもらわなければいけないことも意味します。もちろん、家族の負担をどうやって減らすかについても考えなければいけません。これについては鍵となるポイントとして、たとえば家事代行サービスやさまざまなタイムマネージメントの可能性を、いろいろな世代において整備する、といったことが挙げられます。

もちろんわたしたちは、変わりつつある年齢別人口構成を目の当たりにして、生涯にわたる労働時間を見据えつつ、人々が年をとり、若者が少なくなっていることに対応しなければいけません。だからこそ、連邦政府は二〇二九年までに年金の支給開始時期を段階的に六十七歳まで引き上げることを政治的に決断しましたし、わたしもこれを支持しています。

しかしみなさん、そのためにはとりわけ、長く働き続ける文化も育てる必要があります。職業の世界において、年配者にはこれまで数十年間、能力にきちんと応じた待遇が与えられてきませんでした。若者のスピードに対し、年配者の経験や知識、ルーティーンも重要な要素であることが、たいてい見落とされてきたのです。新しい労働年数のモデルは、年配者も著しい成果をあげることが可能だと示しています。いずれにしても、経験とルーティーン、スピード、若者と老人の正しい配置を成し遂げた社会が是認されるのが一番だと思います。これは、職業生活においても他の分野においても当てはまることです。

現代の就業活動に老人世代も結びつき、社会に多様な――それも法律によって義務づけられることなく、自発的にボランティアとして――貢献をしていることをわたしたちは知っています。ですからわたしはこの場をお借りして、心からの感謝を申し上げたいと思います。金銭を取得する活動を離れてボランティアとして社会のために貢献して下さっている方々にわたしが感謝するとき、まさしく多くの教会で、わたしが何について話しているのかわかってくださる方がいらっしゃると思います。そのような方々を、わたしたちは早急に必要としています。

しかしみなさん、人が年をとるという事実を逆手にとって、高齢者が抱える弱みを公の議論から切り離すことは許されません。老年期は弱さや疾患とも結びついています。ですから尊厳ある死に方という課題も、社会の外縁ではなく中心に入ってくる大きな問題の一つです。人生の始めから終わりまで、尊厳ある生活が途切れることがあってはなりません。そのことが、ドイツ社会における日常にも反映すべきなのです。わたしにとって、人間の尊厳は高齢者や健康状態、業績をあげられる能力だけの問題ではありません。人間の尊厳には常に気を配るべきです。それは、分割することのできないものです。

ですからわたしは、多くのみなさんもおそらくご存じのグリム童話で話を締めくくりたいと思います。年とったおじいさんと孫の話です。老人が震える手でいつもスープをこぼすので、息子とその妻は老人を食卓から追放します。老人をストーブの裏の片隅に座らせ、ほとんど食べ物を与えません。彼がスープ皿を落として割ってしまうと、木の鉢を押しつけます。すると小さな孫が登場するのです。この子がある日、小さな木の餌入れを作ります。「何のためだ?」と父親が訊きます。「お父さんとお母さんが年とったときのためだよ」と少年は答えます。この言葉が両親の目を開くのです。それ以来、おじいさんはふたたび食卓につけるようになりました。

ドイツの社会もそのようであってほしいのです。

地を従わせよ

二〇一〇年四月二十日、ルール河畔のミュールハイムにて

メルケルはわかりやすい言葉が大好きだ。「さあ仕事に取りかかりましょう」。ハノーヴァーの党大会でキリスト教民主同盟の党首に再選された際、彼女は党員たちに呼びかけた。彼女は、「政治を説明する」ことを充分にせず、自分を突き動かす力強い行動への刺激を優先している、と批判されることもある。自分の政治的確信と、キリスト教的人間像や社会的市場経済についての理解に関する展望を、彼女は二〇一〇年にルール河畔のミュールハイムにおいて、カトリック・アカデミー「ヴォルフスブルク」創立五十周年に際して開陳した。

わたしたちはただいま、司教区とそれに付随するアカデミーの創立の流れから、この司教区

にとっては非常に早い時期に成人教育が重要な意味を持ったこと、その際にこのわくわくするような場所で仕事を始める決心をしたことを伺いました。みなさんがわたしに――あるいはわたしたちが互いに――話すことを求めたテーマも、同じようにわくわくするもので、わたしたちを常に突き動かすものです。社会進歩のための人々のつながりや連帯の意義というのがそのテーマです。

まず最初に、社会進歩についてお話ししましょう。進歩という言葉を聞くと、みなさんは何かがよくなることだと推測されるでしょう。しかし、実際に何がよくなるべきなのか、まずは定義しなければいけません。わたしの前にスピーチをされた二人の方々の導入部分でのコメントが、すでにそのポイントを示していたと思います。最終的には人間が問題であり、人間が自分に与えられたチャンスをどう利用し、どう展開していくかということなのです。つまり――わたしは社会進歩をこのように理解しているのですが――すべての人がそれぞれの賜物と能力によって、包括的な意味で社会に参加することが可能になることです。

わたしたちは、人間にはものごとを好転させる力があるという精神のもとで、社会進歩について話しています。宿命論は、このチャレンジに対する正解ではありません。むしろわたしたちは、努力するようにと召されています。人間は努力することができるだけではなく、わたしが理解しているキリスト教信仰の視点から見れば、まさしくそのように努力する使命を与えられている、と申し上げます。わたしたちはどのような人間像を持っているでしょうか？　それは、連帯や人のつながりや進歩をわたしたちがどう定義するかということにも掛かってきます。ドイツの基本法においては、人間像がすでにすばらしいやり方で、非常に美しく包括的な表現のなかに定着しています。「人間の尊厳は不可侵である」。わたしたちの社会を特徴づける力であるキリスト教信仰なしには、この文は不可能だったでしょう。この文が前提とするのは、人間は自由を持つ能力があり、使命を与えられていて、自由というのは何かからの自由というだけではなく責任を伴う自由であり、自由を持てば責任もついてくるということです。

このことは常に、他の人間、隣人たちと関わってきます。そのなかに、神の姿が輝き出すのです。わたしたちの社会における自由は、今日ではしばしば非常に限定されています。ですからこうした責任ある意味での自由について、くりかえし話し合うことが重要だとわたしは思っています。この自由こそが、わたしたちが連帯や正義や共生を生きるうえでの基礎となるのですから。

他の道を通っても同じような人間像に至ることができるというのは否定しません。でもわたしは、このアカデミーの場に限らず、わたしたちの歩みがキリスト教的な人間像に影響されていると指摘するのは良いことであり、正しいことでもあると思います。わたしたちはくりかえし、自分たちの確信がどこから来ているかを大胆に口にする権利があるのです。世界を旅すると、他の国の人々がそれぞれ自分の確信を口にしているのを見るからです。

現在のローマ教皇がラツィンガー枢機卿〔ドイツ出身の教皇であったベネディクト十六世の本名はヨハネス・ラツィンガー〕であった時代に執筆

された、何世紀にもわたる世俗化が社会の特色に与えた影響についてのすばらしい書物があります。教会と国家の分離、そしてそれぞれが持つ異なる使命にもかかわらず、わたしたちの行動の原点がどこにあるかをくりかえし想起するのは良いことであると思います。行動の諸前提は自ら作り出せるわけではなく、すでに与えられています。しかしその前提は、生き生きと保たれていなければならないのです。

この問いから出発しつつ――政治の領域に話を移すとき――わたしたちは社会進歩や共生、連帯について、さらに次のような観点からも見ていかなければいけません。まず第一に、それは個人の問題です。もし個人が社会参加するなら、そして平等にチャンスを与えられ、それを活かすべきだとするなら、次の大きな問いが生まれます。どのようにすれば、個人が責任と自由を伴う行動をとることが可能なのか？

第二に、わたしたちは常に、小さな単位が一番大きな意味を持つという原則によって活動してきました。支援の原則は、できるだけ人間のそばで、小さな単位のもとで行動することを意味しています。ですから、小さな単位をどのように強化できるかという問いが重要になります。

三つ目の問題は確実に、国はどのような役割を演じるか？　ということになるでしょう。わたしは連邦首相なのですぐ国家レベルの話がしたくなります。しかしこの話は、州のレベルで語ることももちろん可能です。――つまり、グローバル化を人間的に実現するにはどうしたらいいか？　ということです。人間が責任を持ちつつ自由に発展できるために、国はどのような保障を与えるべきでしょうか?

　個人の尊厳を念頭においているキリスト教的な人間像に目を向けることによって、わたしたちはドイツ連邦共和国を特徴づけている社会秩序についても触れることになります。それは、社会的市場経済ということです。これも、カトリックの社会教説とプロテスタントの社会倫理なしには考えられないものです。社会的市場経済はそこから生まれてきました。わたしたちにとって、この言葉は今日しばしば、六十年にわたる連邦共和国の成功に満ちた発展という背景を考える際のキーワードとなっています。しかし、くりかえし次のように指摘するのが重要でしょう。社会的市場経済も、キリスト教的な基礎とキリスト教的なパースペクティブから発展してきたのだと。

　社会的市場経済の起源は、すでに十九世紀に遡ります。これは、ドイツの社会、とりわけ現在わたしたちが滞在しているこの地域で際立っていた工業の発展に対する一つの答えでした。産業革命以前なら考えられなかった生産力を、人間は突然身につけてしまったのです。工業の発展によって生活の構造も劇的に変化しました。以前なら大多数の人々が農業に従事し、小さな手工業が工業生産のいわば先駆者だったのに、いきなり大規模な匿名化が起こり、その一方で自分自身の力をはるかに超える影響力を人間が行使することも可能になってしまったのでした。かつては「馬力」を単位にして生きていたのに、突然蒸気機関が出現し、電力が生まれ、鉄道などで都市間を結ぶことも可能になりました。これはまさしくルール地方に影響を与えたドラマチックな変革だったと思います。

しかしいきなり、信じられないような規模で、どれほどの搾取がそこで行われているか、資本家に依存せざるを得ない仕事がどれほど人間に屈辱を与え、道具のようにしてしまうかが見えてきました。そこからは、「これは公正ではありえない」という感情も生まれてきたのです。

それに対する答えが、要するに社会的市場経済でした。このシステムによって、資本とその増加、そして人間の労働を、宥和的な関係のなかにおくことができたのですが、これはもちろんその都度の状況のなかで、くりかえし均衡を保たせる必要があります。しかしこれによって初めて、一方では個人のやる気とイニシアチブを当てにし、他方では連帯を人間社会の規範とする秩序が生まれたのでした。

わたしたちはどうしたら次のことを維持できるでしょうか。人間からイニシアティブを奪わず、能力を発揮させ、それでも社会での共生を大切にするには？　社会的市場経済が生まれてきた際には、この問いが問題になっていました。そして、いまでもそれは重要です。そのためには、これらのことが可能になるように、国家が枠組みを定める必要があります。この枠組みについては、これからお話ししたいと思います。

わたしたちがいま来ているこの地理的空間、ルール地方は、こうしたことすべてを激しく体験してきました。これまでに発見された最古の歴史的文書は、この地方が軍事的にも交易のうえでも非常に重要だったことを示しています。この地方の初期の開拓地は、わたしが生まれ育った地方の開拓集落などよりよほど歴史が古いのです。東のスラブ人居住地域に比べ、ルール地方ではすでに早くからたくさんの活動が行われていました。東にシトー会の修道士たちが入植したころには、ドイツの他の地域はすでに波乱に富む歴史を経験していました。

約二百年前、ルール地方では工業化によってまさに劇的な変化の時代が始まりました。それは経済構造や住宅地域の大きな変化、そして劇的な人口の増加と結びついていました。商業都市とその周辺の村々では爆発的に人口が増えました。それらの村々が工業都市になっていきましたが、今日でもその名残は見ることができます。労働は、よそから来た労働力を大量に投入することによってしかなし得ませんでした。国民国家が成立したのも――ドイツは比較的遅く生まれた国民国家ですが――こうした経済発展に促された結果です。

ノルトライン=ヴェストファーレンで最初の鉄道がどのように引かれたかを考えてみるのは、とてもおもしろいことです。オッペンハイム銀行との関わりや、どのようにして小国家が乱立する状態を克服していったかを問うこと――そもそも鉄道は、十キロごとに税関があっては作れないわけですからね。

しかしこうした発展は、ドイツやヨーロッパ、さらに広い地域での二度の恐ろしい世界大戦となって現れ出てくるような激しい結果をも伴っていました。その際、わたしたちはナチズムと第二次世界大戦における大きな罪を背負いこんでしまったのです。

しかし、その後のわたしたちは幸運でした。ルール地方もそこから利益を得ました。それについてはこう申し上げなくてはなりません。第一次世界大戦後の賠償金は、本来はルール地方が生み出した資金によって調達されました。第二次世界大戦後は、多くの引き揚げ者がルール地方を新たな故郷としました。成立後間もない連邦共和国の経済発展期には、ルール地方は基本的に鉱山業で潤っていました。みなさまもご存じのとおりです。労働力が足りなくなりました。移民たちがやってきました――わたしたちはこの人々を長いこと「ガストアルバイター」〔ガストは英語のゲストと同じく「客人」の意味だが、この言葉は出稼ぎ労働者を指していた〕と呼んでいましたが、ありがたいことにいまではこの言葉は用いていません。彼らは南ヨーロッパやその他の地域からやってきて、現在ではもうその第三世代、第四世代がドイツで暮らしています。

それからまた、劇的な構造変革のプロセスが必要になったことがわかりました。当時は石炭や鉄鋼を生産していた多くの場所に、今日では産業遺産やすばらしい文化遺産が残されています。エッセンやルール地方が現在欧州文化首都になっているのは意味のないことではありません〔欧州文化首都は一年ごとに交代する。この演説の二〇一〇年当時、ルール地方が欧州文化首都だった〕。つい最近、わたしはこの欧州首都についての非常に感動的なプレゼンテーションをイスタンブールで――つまり、他の二つの欧州文化首都の一つで〔欧州文化首都は複数選ばれることもあり、二〇一〇年はハンガリーのペーチとトルコのイスタンブールも選ばれていた〕――体験することができました。そこではドイツに移住した人々を念頭において、石炭採掘の仕事では出身地がどこかよりも、互いに信頼できる働き手であるかどうかが重要だったことが見事に示されていました。それは、この地方における共生についての証言でした。

この関連において、わたしは文化首都のプログラムから短く引用したいと思います。そこには「文化間の移動、移動を通して生まれる文化――それが、かつてはこの大陸で最大だった炭坑が、どのようにして文化間の移動のシンボルになったか、どのように古いルール地方が新しいメトロポールとしてのルール地方に生まれ変わったか、ヨーロッパで伝えていく際の重要なテーマだ」。まさにこのことが、ルール地方で起こっているのです。

そこにはもちろん、次のような問いが出てきます。人間はどこにとどまるのか、わたしたちにはどのような課題があるのか、誰も置き去りにしないためにはどうすればいいのか？　わたしたちはいま、難しい時期を迎えているのだと思います。それをはっきりと言わなければいけません。グローバリゼーションによって、新しい技術の可能性によって、中欧や東欧だけでなく世界の多くの地域における自由な余地の拡大のため競争の圧力が高まっていることによって。「ドイツでは何ができるか、他の地域では何が起こるべきか？」という問いは、こうした状況のなかではより危険なものになってきました。

構造変化が起きている地域では、人々は非常に柔軟であることを強いられます。しばしば、あることがそもそも期待できるのか、個人に実現可能なのか、わからなくなります。まさに次のような格差に関する感情も生まれてきます。ある人はすばらしい成果をあげていて、たくさんのチャンスがあるのに、他の人は企業や会社の倒産の際に、いままで持っていたチャンスをもう取り戻せないと認めざるを得ないのです。ある人にとっては多様な可能性と受け取られるものが、他の人にとってはもはやついていけない変化を意味します。

わたしたちの時代の課題は、誰も置き去りにしないように気を配ることです。いま、迅速な反応ばかりが求められる時代になって、たとえば頻繁に飛行機を使って出張する人たちもいます。多くの人々には、いま実際に何が起こっているのかを熟慮する時間が欠けています。わたしたちが「政治優先」と呼び、経済が人に奉仕するべきであって人が経済に奉仕するのではない、と説明している状況は、非常に慌ただしくスピード化された時代にあって、多くの人々に不快な気持ちを抱かせてしまうのです。

ここで「政治優先」について、お話ししたいと思います。しかし、率直に次のことも申し上げておきます。この「政治優先」は、金融危機から経済的諸連関に至る範囲に常に成り立っているのではなく、懸命に努力して獲得すべきものなのです。社会的市場経済がわたしたちに、人々をいま以上に社会に参加させ、チャンスを与えるためにあらゆる努力をするべく任務を与えたのです。社会進歩はそれ以外にないでしょう。

ですから、このスピーチのあとでみなさんと行う対話のために、わたしの挙げた課題についてキーワードの形で話をし、すでに列挙したチャレンジと並んでいまドイツが直面している三つの大きな事柄について、短くご報告しようと思います。まず第一に、グローバリゼーション――それは、世界のあらゆる地域に到達できる技術的な可能性、すなわちインターネットや情報社会・科学世界の可能性によって促進されています。インターネットはわたしたちが世界のどこにいても、ほとんどどんなときでも、情報にアクセスすることを可能にしてくれましたが、それにもかかわらず、わたしたちは包括的な意味での知識をより多く持つには到っていませんし、まして判断力も故郷への帰属意識も強まっているわけではありません。

第二に、資源の有限性についての自覚が問題になります。増加しつつある地球の人口がわたしたちに突きつけてくる要求は、ドイツでの必要を顧みるのと同様に配慮されて当然です。人間の尊厳は不可侵です。基本法の適用範囲だけで終わる話ではありません。EUの域内だけのことでもなくて、世界中のどんな人にもそれは当てはまるのです。二十一世紀の人間には、自分やその周囲の狭い範囲以外にも目を向けることが求められています。むしろ社会進歩は、世界全体でのより多くの正義を意味しています。これまで産業革命が起こった二つの世紀についてお話しして参りましたが、わたしたちは過去数十年のあいだに、世界の資源のうちの持ち分をすでに大部分消費してしまったことで、将来は他の地域の人々にも同じような発展のチャンスを与えるために貢献する任務を自らに課していることになります。

わたしたちにとっての第三の大きなチャレンジは――世界の多くの国々にとってはまだ視野に入ってこないチャレンジですが――人口の変化、ドイツ社会の年齢構成の変化です。高度な物質的繁栄にもかかわらず、ドイツには子どもより老人が多いというのが事実です。以前より健康的な生活様式や研究のおかげで寿命が延びたのも喜ばしい事実です。このチャレンジに対しては、世界でもまだあまり経験がないことなので、わたしたち自前の答えを出さなければばいけません。

わたしにとって最も心を動かされた話の一つは、かつてエチオピアの難民申請者が語ったものです。エチオピアでは、どうやら人口の半数が二十歳以下のようです。彼のお母さんが、ドイツではとても寒いんじゃないの、あなたは大丈夫なの、と心配しながら尋ねたとき、彼はこう言いました。そんなにひどくないよ、ここならお母さんも居心地がいいと思うな。外にはいたるところで老人が歩いているんだ、ここならお母さんも目立たないよ。――この話を聞けば、年齢構成と人口の変化に関してどんな不均衡があるかわかるでしょう。

ですから、これまで以上に個人の力を引き出すことが、わたしたちの課題です。家族政策に関する努力と、わたしたちが社会のなかで熱心かつ集中的に行っている議論は、正しいし重要だと思います。家族とは社会のなかで価値観を育てる場所であり、責任の引き継ぎと共生とを学ぶ場でもあります。家族は子に対する親の、そして親に対する子の、生涯にわたる責任を意味します。家族から抜け出すことはできません。家庭では愛が与えられます。そのような愛は、国家の機関には要求できません。だからこそ家族を守り、育て、強めることが大切なのです。

家族には何ができないかということについてもわたしたちはたくさんの議論をします。よく、次のようにおっしゃる方に遭遇します。「問題のある家族だけでなく、ほんとうに家族らしい暮らしをしている多くの人たちについて、一度ちゃんと話してくださいよ！」わたしは思うのですが、そのような場合にはバランスが重要です。一方では、家族がしていることを尊重すべきです。疑問を抱いたり、いろいろなことがよくわからなくなっている親たちからすぐに親権を奪ったり、国家が家庭に介入することは許されません。他方で、ほんとうににっちもさっちもいかなくなっている家族に対しては、もちろん救援に駆けつける必要があります――これが補完性原則です。それについてはどんな政治的議論も惜しんではいけません。家族は社会の出発点だという言葉は正しいからです。

家族への責任は、家族を支援することによって明らかにされなければいけません。いまここで詳しく説明することはできませんが、さまざまなキーワードを挙げたいと思います。一面において、このことは家族を持つかどうかの選択の自由に該当します。自分の人生をどんなふうに送りたいのか？　現代では、過去数世紀にはとても考えられなかったような、非常に大きな選択の余地があります。過去数世紀には――これは、ＣＤＵの伝統である家族モデルを念頭において申し上げるのですが――母親は、二人の子どもがいたとしても、生涯にわたって一日中、彼らのために時間があるわけではありませんでした。以前は大家族のための仕事や稼ぎが非常に厳しく、はっきりと分担されていたのです。

そういうわけで、一方には選択の自由があります。どんな決断をするか？　そして、国としては、一人一人の決断が歓迎されるためにどんな歩み寄りをするのか？　正しい決断ができるように、どれくらい家族そのものを当てにしていいのか？　ある家族が、子どものために両親のどちらかが長期に家庭にとどまることを選択した場合、どうそれに照準を合わせていくのか？　他方では今日、たくさんの親たちが職業と家族を両立させようとしているが、その人たちに対してはどうするのか？　これは、少なくともＣＤＵ内では二十年以上前からずっと格闘している問題です。終わりは見えません。でも、それでいいのかもしれません。

こうしたことすべては育児手当の問題に収束します。家庭外での育児サービスを提供するのなら、家で子育てをしている人たちにも何らかの承認を与える必要があるか？　その承認は、どのような形で表現できるか？　この場では短く言及するにとどめますが、わたしは、常に物質的な形で承認を与えようとすることには慎重でありたいのです。なぜなら、ドイツではそれが良い方向に働かないからです。それが家族のなかで体験できる喜びや満足を補填することはありえません。

第二の点は、個人の能力の発揮に関して言えば、教育政策に当てはまります。これはまったく自明のことです。わたしは、社会的市場経済誕生六十周年に際して、ドイツ連邦共和国が教育共和国になることを望むと申し上げました――どんな人でも教育が受けられる教育共和国、個人が持つチャンスを理性的に発展させる教育共和国。たくさんの子どもたちを長期間同じクラスで教えるのと、レベル別に細かく分けるシステムにするのと、どちらが教育的効果が上がるかという論争は、まだしばらく続くことになると思います。ここでは詳しい話をするのはやめますが、わたしがレベル別システムに賛成だと言っても、みなさんは驚かないでしょう。

教育政策においては人間の側、子どもの側から考えるように注意しなければならないと思います。つまり、教育を受ける側から考えるのであって、いつも制度についての議論ばかりすべきではありません。目的がはっきりしていなければいけません。社会参加の可能性と、チャンスの平等性です。そこへ至る方法は、わたしたちがときおり想像する以上に多様なのかもしれません。さまざまな学校システムのなかで、成功したものもあればそれほど成功していないものもあることをわたしたちは知っています。

学校を卒業したり、ある職業を習い覚えたりしても、それで教育が終わるわけではないということにも慣れていかなければいけません。むしろ二十一世紀の変化の激しい社会にとっては、わたしたちが一生学び続けられるようにするのが大きな課題の一つです。それは簡単なことではありません。かつての東独が終わり、ドイツの統一と共に突然四十代や五十代の人たちが勉強し直さなくてはいけなくなったときに、わたしもそれを体験しました。三十歳の人たちが四十五歳の人々に向かって、何がどうなっているかを説明し、彼らを試験し、成績証明書を出していました。これはまったく新しい文化的体験です。生涯にわたって学ぶためには、訓練しなければいけません。このことは必ず近い将来、非常に大きな意味を持つようになるでしょう。

さらには、移民統合の問題もあります。ルール地方のみなさんなら何のことかおわかりでしょう。ノルトライン＝ヴェストファーレン州にドイツ最初の「統合省」があるのは良いことです。ニーダーザクセン州にいま初めて、トルコ系の大臣がいるのは良いことです。統合と共にわたしたちは前進するでしょうが、前途にはまだ信じられないほどの課題があります。ドイツの人口変動に直面して、この国にマイノリティの社会がバラバラにできて固定化されてしまうのを阻むことは、突出して重要な課題です。

一方では若い人の数が少なくなりますが、他方では外国出身の両親を持つ若い人の割合が劇的に増加しています。ですから、教育政策においては一人も失うことは許されません。十五歳になってもはや手の施しようがないと確認するよりも、五歳か六歳の語学テストの段階で充分に手をかける方が良いのです。この分野には、まだ果たさなければならない課題が山ほどあります。統合は重要です。ドイツにおける社会進歩のために、必要不可欠です。課題としての統合の重要性は増していくでしょう。

個人に能力を発揮させる場合、義務の履行という考えも持たなければいけません。困難な状況のなかで連帯による援助を望んでいる人は、共同体のなかで自分にできることをするという義務も持っています。これは支援、国家による知識や教育の付与、自己負担をめぐる議論に当てはまります。わたしたちは明日、次のような内閣決定を行う予定です。二十五歳以下の若者が失業した場合、六週間以内に仕事のオファーを得ることができるようにしたいのです――ただし、その際に若者は、その仕事を受けなければいけません。つまり、社会に寄与できるためには与えられたチャンスを利用することが、個々人の大きな使命なのです。

二つ目の大きな複合的課題は、小さな単位を強めるということです。そこで問題になるのはボランティアの領域です。ボランティアの促進は非常に重要です。これについては個々の点を挙げるにとどめます。ドイツにおけるボランティア活動はさらに強化されなくてはいけないと思います。専門家が参加できる仕組みが必要です。国家専任の活動だけでは、人間的な社会に到達することはできないでしょう。みなさまのアカデミーのなかにも、どれほど無給の名誉職があるかご覧になってみてください！　社会的な分野で何が行われているか、複数世代が住む施設で何が行われているか、スポーツの分野で何が起こっているか、見てみてください！　――いま、すべての分野を数え上げようとは思いませんが――見ていただければ、みなさまにもボランティアの重要性について、おおよそのイメージが伝わると思います。

今日では以前よりもずっと寿命が延びたので、社会進歩についての一つの重要な問いは、「高齢者とどう向き合うか？」ということになるでしょう。彼らに対してどんなオファーをし、どんな任務を与えれば良いのでしょう？　この世代はすでに職業生活には別れを告げていますが、社会のなかでいわば介護されながら生きる存在というにはまだ程遠いのです。今日では、引退後にまだ二十年から二十五年の時間があります。どれほど多くの六十代の人々が無職でいるか、そして八十代までどれほど元気でいられるか、ご覧になってください！　そこには、これまでの世代が耕してこなかった畑が広がっています。ここではボランティアの助けを借りてたくさんのことができます。四十年間働いてきた人は、もう義務を課されるのはうんざりでしょうが、自分の能力を社会に提供する気持ちは大いにあるのです。

ここには女性市長さんがいらっしゃいますので、もちろん地方自治体のことも忘れてはいけません。ドイツにおける自治体の行政は、わたしたちの多様な社会生活を表すものです。ですから、自治体の財政状況については心配しなければいけません。わたしたちがつい最近体験した危機は、地方自治体の基本的税収に関しても新しい解決を見出すよう求めています。財務大臣のヴォルフガング・ショイブレ氏がそのための努力をしてくれるでしょう。ここでは、デュッセルドルフやフランクフルト、ミュンヘンのような都市は営業税という重要な収入源を持っているとと指摘するにとどめましょう。しかし、ドイツの都市の大部分は非常に危機的な状況にあります。ですから、どうしたら自治体の持続可能な形を作り上げることができるか、方法を見出さなくてはならないのです。ここ数年、自治体の新しい投資への力が減退してきたことがわかります。そして、福祉的な課題が増えてきたことも。それについても、包括的なやり方で話す必要があります。

わたしが熱心に自治体の政治についてお話しするのは、自治と、地方でのボランティア的な政治参加が、ドイツにとって大きな影響を持つからです。もし人々が「市議会ではボランティアの充分な運営が決められない」と言って、こうしたボランティア活動をやめてしまうなら、ドイツ社会全体の骨組みと構造に関わる深刻な問題を持つことになります。

三つ目の大きな複合的課題は、国家の使命とは何かということです。ここでは大まかに、「仕事が問題である」と申し上げておきます。わたしたちは「すべての人に仕事を」というビジョンを見失ってはなりません。これは、実現可能なことです。まさにドイツの人口変動という挑戦に直面しつつ、これを成し遂げなければいけません。ですから、経済と財政の危機において、次のようなことがわたしたちのきわめて高い関心事となります。つまり、ほとんど資源を持たない国にあっては、人々、特に専門家たちが、仕事を持ち続けるようにしなくてはいけないのです。

わたしたちは未来の仕事の世界を開拓しなければいけません。もし現在の繁栄を保ちたければ、いまよりもずっと有能になって、他の場所でも高い賃金が取れるようにしなければいけません。わたしたちは、社会保障システムがこれからどう発展すべきかについて、偏見に囚われない議論をする必要があります。介護保険の元本償還や、健康保険のコストをいまよりさらに労働コストから切り離すことについて話すときに、反射的に叫び声をあげるだけでは意味がないのです。そんなことをしたら、もはや社会進歩にはつながらないプレッシャーが生まれるだけです。わたしは、このテーマを選挙戦とは関係なく先へ進めることができるよう期待しています——もっとも、ドイツでは選挙戦がないタイミングなんてほとんどないんですけれどね。わたしはトルコ訪問の際、エルドアン首相とこのことを話し合いました。彼は心からの同情を示して、言いました。「あなたたちはいつも選挙がありますからね」。——そこでわたしは、そもそもわたしたちには交渉を行ってものごとを前に進められる時間があるのだろうかと、自問せずにはいられませんでした。

そのようなわけで、わたしたちは健康保険のシステムや年金にも課題を抱えていますし、介護についてもそうです。それは明白です。わたしたちは財政を強化しなければいけません。未来の世代に負担をかけながら生きるわけにはいかないからです。未来の世代に負担をかける生活は、社会進歩とは言えません。一つの世代のことだけ考えて次の世代を考慮しないのは、まったくナンセンスです。わたしたちには、資源を大切にする環境政策が必要です。さらに、わたしたちが体験したような危機を遠ざける秩序を、経済界や金融界においてグローバルに打ち立てる任務があります。

二十一世紀の社会の連帯と社会進歩との関連において、以前の国々が注目していなかった興味深いポイントが視野に入ってきます。今日では国民国家をグローバルな文脈から切り離して形成することはもはや不可能であり、原則において他の国々と分かち合うことのない秩序を体現することもありえません。もしもわたしたちヨーロッパ人とアメリカ人だけが「人間の尊厳は不可侵だ」と主張し、他の人々がまったく違う観念を抱いているなら、進歩することは非常に難しいでしょう。もし一方の側で児童労働や過度な資源の採掘が可能であるなら、他方でわたしたちがそれに反対して持続可能な管理を支持したとしても、うまく機能しないでしょう。

わたしたちの前にある、わくわくするような政治的課題の一つは、次のような問いから生まれています。どのようにしたら他の国々を、地球を包含する共通の関心について納得させられるのか？　この問いは、まずは開発政策において、それから環境政策において、一つの役割を果たしました。今日、わたしたちはアメリカとイギリスのマーケットの放縦によって巻き添えを食っており、世界規模の秩序があることを他の国々に納得させなければ、これまでの生活様式を続けられないでしょう。小さな単位、個々人の能力発揮から百九十八の国民国家——これはほぼ国連加入国、もしくは外交的に信任されている国の数に対応しています——の説得にまで至る緊張のアーチは、わたしたちがドイツでの社会進歩を達成したければ、常に考慮しなければいけません。

こうしたことすべては、みなさんを意気阻喪させるかもしれません。しかし、幸いなことにわたしたちはキリスト者で、神への信頼と力を持っています。みなさんからの招待状にはヴォルフスブルクのすばらしいイメージが描かれています。神は人に作用する火なのです。この作用する火を、わたしたちも自らの内に持っているべきだと思います。わたしたちは、たくさんの事柄を組織だてて並べていくことはできます。しかし、そのすべてを成し遂げる力を、どこかから得る必要があるのです。キリスト教信仰は、わたしたちにとって善き力です——作用する火であり、わたしたちはその火を使って、すでに成し遂げたことを喜びと共に眺めることができますし、その火のもとにいれば大きな問題の前でも目を閉じる必要がなく、その火を通して、これから来る人々のために努力を続ける力を得るのです。「地を従わせよ！」〔創世記一章二十八節〕の言葉の意味どおり、わたしたちは人間的な顔をした世界を作り上げるべきで、その世界においては共生と連帯によって力を与えられ、前へ進む道を示されるのです。そういう意味で、みなさんはすばらしいテーマを選んでくださったと思います。

前途にまだたくさんの仕事が待っていることをわたしは知っています。でも世界を旅するとわかりますが、ドイツがとても美しく、住むに値する国であることを見落とすべきではありません。わたしたちがドイツの歴史においてすでに成し遂げたことを考え、このアカデミーを設立した当時の人々が――それは第二次世界大戦の終焉から間もないころで、ドイツ連邦共和国設立の直後でした――どんな問題を抱えていたかを考えるならば、わたしたちのためにやるべき仕事がまだ少し残っていたのは良いことだ、と言わざるを得ません。わたしたちはその仕事に、勇気と神への信頼を持って取りかかるべきです。

未知の場所へ出て行く

二〇一七年五月四日、ジークブルクのカトリック社会研究所開設記念スピーチ

アンゲラ・メルケルがボン近郊のミヒャエルスベルクにケルン大司教ライナー・ヴェルキ枢機卿を訪ねたのは、いわばホームゲームのようなものだ。難民危機の際、ヴェルキはメルケル首相の政策を支持したが、それ以上に、はっきりとした警告を発してあらゆる極右ポピュリストの潮流に拒否を突きつけた。前任者のヨアヒム・マイスナー枢機卿からはメルケルは逆風を受けたこともあるが、いまではそんな気配はまったく感じられない。メルケルの保守的な批判者たちは、もはや教会には賛同者を見いだせない。メルケルはそのことに対して、教会の宗教教育と、社会での共生を擁護していることへの賛成の意を伝える演説によって感謝した。そのためもあって彼女はまったく個人的に、伝承された価値観を擁護することが

「未知の場所」に恐れずに足を踏み出すこととどのように結びついているかを語ってみせる。

実際のところ、今回のわたしのようにヘリコプターで到着する人は、ミヒャエルスベルク上空のこのすばらしい場所の眺めに目が釘付けになってしまいます。ここで千年もの歴史を持つ伝統と出会うことは、もちろん特別に印象的です。つい先ほど、もっと上にあるテラスに立ったとき、あらためて言わずにはいられませんでした。千年前の人々は何に優先順位をつけたのか――歴史に残るものを遺産とし、すぐに過ぎ去るもののなかだけに身を置かない――これは、わたしたちにとっても折にふれ規範となり得ることです。このことは忘れるべきではないと思います。

そういうわけで、すべてが遠方からでもよく見えて認識できます。偉大な伝統、広々した展望、そして遠くからもよく見えるということ――これはもちろん、全般的に指針を与えようとする教育機関にとって、非常にいい前提条件です。ですから、以前の住人が立ち去ったあとで、ミヒャエルスベルクをカトリック社会研究所のホームとし、ここでいわば未来を構想するというのは、一つの指標となる決断でした。

しかし、この数年にここで起こったことは、悲哀と希望、別れと新しい出発がどれほど近接しうるかも示しています。ベネディクト会士たちにとっては――わたしはもう一度声明を読み直したのですが――歴史ある大修道院をもはや自力では運営できないと認めるのは、とても辛いことでした。二〇一〇年の声明に、そのことが記されています。しかし、修道会士たちはただ過去を惜しむのではなく、むしろその反対でした。声明から引用します。「我々は人々と共に前を見つめ、いままでとは違う、新しい、よい未来をミヒャエルスベルクのために用意したいと思う」。ベネディクト会士たちは、変化のなかにチャンスを見出したのです――チャンスとして把握し、つかむべき契機を。そこから新しいものを構想する力が生まれてきました。現在のわたしたちが生きているような大きな変化の時代には、こうした構想力が持てるよう、常に努力すべきだと思います。

それからケルン大司教区が、ミヒャエルスベルクを信仰の灯台として保つにはどうすればよいか、自問しました。その答えがカトリック社会研究所の移転であり、あらためて別の修道会が引っ越してくることでもあったのです。それから、宗教的存在としての、そしてミヒャエルスベルクでの霊的生活の、新たな一生が始まりました。改築された建物の落成式、そしてカトリック社会研究所の記念日に際して、お祝いを申し上げたいと思います。というのも、研究所はこの場所で一つの伝統に従うだけではなく、新たな伝統ももたらしているからで、その新たな伝統がすでに七十年の歴史を持っているからです。一九四七年に、フリングス枢機卿がカトリック社会研究所を、そもそも最初の教会アカデミーとしてスタートさせました。当時のドイツはまだ瓦礫のなかにあったことをわたしたちは知っています――物質的な意味だけでなく、とりわけ道徳的な観点において。ショアーによる文明の崩壊、第二次世界大戦の後には、ドイツを包括的な意味で建て直し、ふたたび道徳的な支柱と指針を与えるような社会像を人々に伝える必要がありました。そこで、当然ながら教会にはたいへん重要な役割が与えられることになったのです。

もちろん、七十年後の今日、わたしたちの生活は当時とは多くの部分でまったく異なって見えます。わたしたちはもはや東西に分割されていない一つのヨーロッパで、隣人たちとの平和を享受しつつ暮らしています。わたしはきょう、ここからそれほど遠くないグレーヴェンブローホで、ノルウェーの首相と一緒に新しい生産拠点の開設式に立ち会ってきました。ドイツとノルウェーが戦時中どんな関係だったかをその会社の社史で読むと、ドイツの人々にとって、ヨーロッパのすべての国の人々にとって、現代がとてもよい時代であることに気づきます。わたしたちは、経済的成功と社会的達成によって、世界中でよい評判を得ている国に暮らしています。失業率に関しても、目下のところはたいへんいい状況です。ドイツでは、これまでこんなに多くの人が就業し、所得を得ていた時代はありませんでした。

もちろん、隣国や世界の他の地域がどれほど多くの危機や葛藤を抱えているかにも目を向けなければいけません。自分たちがどんなチャレンジに答えていくべきなのか見なければいけません。わたしは国際テロのことを考え、自分たちの安全はどうなっているのかという人々の自問について考えます。近隣諸国と平和的に共生していても、わたしたちのヨーロッパ・ファミリーは多くの心配と疑問を抱えています。これからどうなるのか、グローバリゼーションやデジタル化、人口変動などによってわたしたちに課される徹底的な変化のプロセスを、どう乗り越えていけばいいのか。

それゆえ、わたしの見解では、このような状況において、二つのことが重要です。

第一に、変化を生み出せるようになることです。それは、ここではいつも決定的だった事柄と結びついています。変化は起こるのです。変化を食い止めようとしても意味ありません。ついでに申し上げますが、もし変化がまったくなければ、人生はぞっとするようなものでしょう。ですからわたしたちはけっして、座して受け入れるべき宿命をそうした変化のなかに見るべきではありません。そんな態度でいると、迷っているうちに他の人々に、その変化を彼らの利益に沿うように作り替える作業を任せることになり、そうなるとわたしたちのイメージとはとても違った状況になり得るからです。そうする代わりに、わたしたちは変化に対しても心を開き、そこに身を任せて作り替えていくべきです。わたしはそのような、第二の道を選ぶ人間の一人です――この部屋にいらっしゃる方々はみなそうだと思います。

しかし、常に新しい世界、未知の、知らない世界に向かっていくためには、もちろん指針が必要です。これまでに誰かが歩いた道であれば、方向を見出すのは簡単です。しかし、自分の体験を振り返っても――少なくともわたしの場合は――未知の風景のなかで、地図がすぐにわかるシステムになっていないと、方向の判断は非常に難しくなります。参照できる原則や、それに基づいて判断できるような基準が必要ですし、個人の支え、共同体にとっての結びつきとなるような基盤も必要です。

そのためにはキリスト教的な人間像という出発点を持つことが最適であるとわたしは考えます。立役者が誰であるかを知っていれば、キリスト教的な人間像がドイツの基本法に反映されているのは偶然ではないことがわかります。すなわち、「人間の尊厳は不可侵である」という文が基本法の第一条になった経緯です。第二次世界大戦後、このことは必ずしも当たり前ではありませんでした。基本法に他の条文が入ることもありえたのです。しかし、結果的にはこの文が入り、それはわたしたちにとって良いことでした。キリスト教的な人間像とは、個人は自由を持つべく生まれたとする人間像です。ですからこの人間像には、いわば生来の力として、構想力が備わっているのです。人間が持っているのは無条件の自由ではなく、他者との結びつきのない自由でもありません。特に、「～から」という格助詞と結びついた自由ではありません。「～からの自由」ではなく、「～のための自由」なのです。自分のため、しかし常に他者との関係においても責任を担う自由なのです。

ですから、わたしたちがキリスト教的人間像の観点で理解する自由の概念において、共に生きる人々の幸福はいわば基礎的なものなのです。そこからは当然、責任を自覚した政治にとっての使命も生まれてきます。すなわち、自由のための空間を保証するということ。そのなかでは個々人が自分の才能や能力と共に――もちろん弱さも抱えつつ――自己形成し、チャンスを得ることが可能なのです。このように言葉で言うのは簡単ですが、もちろん人生における多くのことと同様、実際は複雑です。

そこで当然、まず次のような問いが出てきます。人間はどこで、チャンスのつかみ方や作り方、共同体の生み出し方を学ぶのでしょうか？　その答えはもちろん、第一に家庭です。家庭は配慮や信頼の場所であり、それはそもそも政治的には処方することができないものです。わたしたちはこの家庭という空間を守らなければいけませんが、家庭をあれこれ規則で縛ることは許されません。むしろ可能性を開いてあげるべきです。人がどう行動すべきかについて、絶えず口出しするだけではいけません。これは政治的な討論においてもなかなか答えの出ない問題です。というのも、家庭に対して特に多くの自由を与えようとする人々が、それにもかかわらず、自由な決断とはどうあるべきかというはっきりした意見を持っていたりするからです。このことは、わたしが属する政党でも――自己批判も込めて申し上げますが――長年にわたって次のような結果をもたらしていました。「こんなにたくさんの幼稚園は必要ないだろう。自由な選択をすれば、子どもは少なくなるだろうから」と、わたしたちは言っていたのです。しかし、その反省に基づいて今度は子どもを産むように強制するのも許されないことです。ですから、今日では家族と仕事の両立というテーマにより多くの余地を残すようになったのは良いことだと思います。

問題となるのは役割分担であり、職場であり、とりわけ――ついでに言えばますますその度合いを増して――時間です。この点についてはたくさんの政治的な調整を行いました。それから問題になるのはいつも、機会の公正さ、チャンスを得る可能性です。たとえばシングル家庭について考えた場合、大きな課題がありますし、子どもを育てる両親が抱えるたくさんの他のチャレンジについて考えた場合もそうです。ですから、これから数年間の政治におけるわたしたちの着眼点は、もう一度「家族、ドイツ社会における子どもの未来」というテーマを中心に据えていかなければいけません。それについてはさまざまに対立する議論があるでしょうし、選挙戦でも問題になるでしょう。政治は議論の場でもあることをわたしたちは知っています。

人間が自分のチャンスや才能、可能性を活かすことができるために、一番大切なのはもちろん教育です。わたしたちはいまここで、教育の促進が教会にとって長年の大きな関心事であったことを象徴的に示す場所にいます。この修道院は、包括的な意味においてその好例です。教育の担い手としての修道院の偉大な伝統をここで体現しているのですから。カトリック社会研究所はいま、ミヒャエルスベルクでの活動によって、まさにその伝統につながっています。ケルン大司教区がこうした解決の道を決断したことは、大司教区が教育の仕事をいかに重視しているかを示しています。

わたしたちを激しく混乱させそうな動きがたくさんあります。いつもキーワードに上がるのはデジタル化です。思うに――少なくともわたしの立場からの見解ですが――デジタル化によってもたらされる変化がドイツ社会における共生に及ぼす影響の深さとその次元は、まだ充分に言い表されていません。ですから、これはわたしからのお願いでもあるのですが、他者が語ることに耳を傾け、その人にとっての秩序の原則を見出そうとしてみてください。というのも、以前はまったく普通だった多くのことが、混乱に陥っているのです。でももちろん、以前は不可能だった多くのことが可能にもなっています。

カトリック社会研究所がすでに一九九〇年代に大司教区におけるメディアを管轄するセンターとして拡充されたのは、好都合だったかもしれません。その背後には、わたしが高く評価している「ドームラジオ」〔カトリック系のラジオ局〕以外のものもあるのだろうと推測します。このことにわざわざ言及するのは変に思われるかもしれません。いまはただ、みなさんが九〇年代にメディアセンターを拡充したのは未来を指向する決断だった、とだけ申し上げておきます。

宗教教育は昔から、自主的な思考や批判的な判断能力の育成と結びついていました。みなさまがこの教育施設で人々を励まし、自分についての確信や保証を与えて、彼らが自主的に判断でき、人生の複雑な状況のなかで自己を顧みる能力を発展させられるようにしていること、またとりわけ、熟慮し、特定の決断に対して時間をかけるようにさせていることは、非常に重要です。今日では何もかもがすばやく行われるようになっていますが、そんなに早く処理できないこともたくさんありますし、熟慮することで判断の際のよい規準が生まれるのです。

みなさんも何かショッキングな事件を耳にすることがあるかもしれません。たとえば新聞でそうしたニュースを読みます。そして数日後に、あの事件がその後どうなったのか知りたいと思うのですが、そのときにはまた十件もの新しいひどい事件について聞くのです。一つのできごとが実際にどうなったかを追求するのは、とても難しくなっています。

ですから、デジタル時代のさまざまな能力はいま以上に必要になると思いますし、わたしたちにはいろいろなグループの出会いを促進するような場所、批判的かつ活発な議論がなされる場所、社会的な討論が形作られる場所が必要です。さらにわたしは、一つの議論が善悪の観点からどこにおいて正しく、どこで争点が生まれるかという教育を、もっと強化すべきだと思います。逆に言えば、わたしたちはどうすれば、論争という言葉をかつてのようにもう少しポジティブな意味合いで使えるのでしょうか？　政治的な議論においては、そんな状態です——これはわたしたち政治家全員に当てはまります。六時か七時に起きて、そのまま最初のラジオ放送に出演し、みんなが同じことをしゃべる。それは、一人一人の性格が違うことを考えれば嘘みたいな話です。あるいは、わたしたちが七時十五分にもう論争を始めると、あまり歓迎されない。ほんとうならこんなふうに言ったっていいはずです。「親愛なる市民のみなさん、たいへん嬉しいニュースです。いま、論争中の新しいテーマがあります。いつの日か、論争の結果についてお伝えいたします」。でも、これでは通りませんよね。論争は根本的に停滞、もしくは後退と見なされてしまうのです。

わたしの考えでは、良い意味での討論や論争は、社会のさらなる発展に寄与するものですし、もっと評価されるべきだと思います。わたしたちには対話が必要です——信仰が違う人々、意見が異なる人々との対話もです。グローバリゼーションの時代、社会が多様化する時代にあって、それは非常に重要です――ヴェルキ枢機卿が「教会の遠征試合」と呼んでおられるとおりです。

連邦政府としても、こうした教育の問題に手をこまねいているわけではありません。どうすれば生涯学習をごく自然なものとして提供していけるか――これは近い将来、政治的にも大きな役割を演じるでしょうが――わたしたちはそのために、まだ多くのことをしなければいけないと自覚しています。しかしながらドイツでは、人生のなかで特に学習に打ち込むべき時期があるという事実がいまだに深く根を下ろしています。この時期をわたしたちはもう何十年ものあいだ、いささか遅くスタートさせてきました。学校に入学する前に教育はすでに始まっているのだと理解するのに、長い時間がかかりすぎたのです。ついでながら、ドイツの慣用句「入学とともに人生の厳しさが始まる」というのはまったくおかしな言い回しで、教育に喜ばしい光を当てることを妨げています。それに、職業教育が終われば人生の最もたいへんな部分は通過したことになるというのは、具合の悪いことではないでしょうか。いまのように大きな変化の時代には、わたしたちはほんとうに教育の喜び、開かれたシステムへの喜びを必要としています。「何も学んでいない人は居心地が悪い」――ほんとうは、それがいわゆる慣用句になるべきなんです。

そういうわけで、中心的な意味を持つ事柄が、ふたたび前面に踊り出てきます。労働の価値です。パンを得るためだけではなく、自己理解、自己実現としての労働です。

そう考えるとき、わたしたちはもちろん、労働の重要性を常に中心に据えてきたカトリックの社会教説に行き当たります。ローマ教皇ヨハネ・パウロ二世の回勅「労働を通して」〔一九八一年に発表されたもの〕から引用したいと思います。「労働は人間にとっての――人間であることの――財産である。なぜなら人間は労働によって自然の姿を変え、自分たちの欲求に適応させるだけでなく、人間として自己を実現し、ある意味で『より多く人間となる』のだから」。これは、労働の定義としてすばらしいと思います。だからこそ、カトリックの社会教説にとっては労働のあり方がいつも重要な役割を果たしたのです――すなわち、当然ながら公正な報酬の支払い、そしてよい労働条件がなければいけません。デジタル化によって、まったく新しい問題が生じてきました。時間的な自律性というテーマが、デジタル化との関連であらためて大きな問いとなるでしょう。労働以外の人間の共生に関しては、人間どうしの配慮について、もう一度議論する必要があります。

今日、インターネットやスマートフォンで連絡を取る人々は、多くの人々に対して、あるいは多くの場所で、自分の都合を優先する権利を持っているかのように見えます。目の前の相手に連絡が来た場合、ちょっと待ってあげてもいいよ、といった具合です。でもこれは実のところ、一日中守るべき正しい順番ではありません。食事のときなどには別のやり方をすることができるはずです。ですから次のような問いが出てきます。わたしたちは人間から、デジタル化を通してどれくらいの柔軟性を要求できるのでしょう？　どの程度、人間の自由裁量を制限すべきなのでしょう？　そのためにわたしたちは、ベネディクト会士たちがすでに知っていたことを思い出さなければいけません。人間的な生活を送るために、祈りと労働――ora et labora〔祈りと労働〕――の正しい割合がふたたび議論されるべきです。

こうしたことすべてはもちろん、わたしたちをくりかえし、社会全体の共生のためにけっして手放すことのできないものへと導きます。それは、民主主義の価値です。わたしたちはみな、政治的には日々創り出すことのできない、いずれにしても法律を作ることによっては創り出すことのできない前提によって生きています。だからこそ、ある種の社会的な基礎解釈が世代から世代へ自動的に受け継がれていくと考えるのは間違いだと思います。それは常に努力して獲得されるべきものです。

法治国家であること、信仰の自由、意見の自由、職業の自由は高い価値を持つ財産ですが、守りつづけねばならない財産でもあります。もしもそれらの価値が日曜日の説教ではとりあげられるけれど実際には評価されないというのであれば、状況は困難になります。ドイツではすでにこれほど長いあいだ民主主義が存続しているので、当然ながら次のような問いも出てくるでしょう。民主主義の存在を評価するために、民主主義が存在しないふりをしなくてはいけないのか？

旧東ドイツで生活したという事実によって、わたしには一つのことが骨身にしみています。自由の大切さです。いつも自由を享受していた人が、自由をこれほど意識するのかどうか、わたしにはわかりません。「自由がなくなったらどうなるか見せてやろうじゃないか」などと言うことは不可能です。わたしたちはむしろ、そんなことをしなくても世代から世代へと自由が受け継がれていくような道を見つけなければいけません。これは、かなり難しい課題だと思っています。

そこで、一つの原則を思い出すことが重要になります。それは、カトリックの社会教説と大いに関係のある原則、すなわち補完性原理ですが、残念ながらそれがすぐに人々の身につくような言葉に移し替えることはできませんでした。「補完性原理」と口にするのは簡単ですが、実は決定的な意味を持つ事柄だと思います。もしわたしが人々に責任を持たせたい、責任を引き受けることを喜んでほしいと願うなら、彼らに責任を引き受けられるような余地も与えるべきです。もしわたしが強権的に振る舞ったり、あるいは――ある程度はそれが望みでもあるのですが、この責任を取り去ってほしいと思うこともあるのです――すべてを手放し、全部自分のせいにしてしまうならば、しまいには何も残らないような状態に陥ります。そうなったら、みんなが責任を引き受けるべきだと話すことさえできません。

わたしは政治的なキャリアのなかで、何が政治家の課題なのかという問いについて、賛否両論に満ちた議論を頻繁に交わしてきました。政治活動を始めたばかりのころ、ある家族の子どもたちにとって誰が理想像であるべきなのかという質問をされたことを覚えています。その質問に対して答える責任があるとは思えない、とわたしは説明しました。それに対してはかなり賛否の入り混じった反応がありました。わたしはそれに付け加えて、政治家としてきちんとした仕事をするようたいへんな努力をしてはいるけれど、どんな生活を送るべきかとか、人生の指針についてなどの特定の質問には、政治だけでは回答できない、と述べました。

たくさんの国際的チャレンジについては、きょうここではお話ししませんでした。でも、この教育施設にインド出身の修道士の方々がいるのを嬉しく思います。なぜならこの方々はきっと、ドイツ人では持てない視点をもたらしてくださるからです。ですからここで、みなさんにお願いしてもよろしいでしょうか。もしわたしたちがあまりに自己中心的で、いつも自分のことばかりにかまけているとお考えなら、ぜひここで他の人々と交流してください。人々が他の場所でどのように生活しているかに関心を向けるならば、自分の生活へのよりよいまなざし、そして喜びも得ることができるのです。「人間の尊厳は不可侵である」という言葉は、ラインラントやドイツ連邦共和国だけで古くから目標とされたわけではなく、この言葉の奥深さを理解したすべての人が、世界中の人に当てはまる言葉として解釈したと推測します。もちろんそれによって彼らは大きな使命を担うことにもなったわけですが。

そういうわけで、研究所にお願いしたいのは、わたしたちの共生において重要となる問いのほかに、外の世界にも常に目を向けていてくださることです。グローバリゼーションによって、わたしたちは他国の人の生活に対する感覚も養わなければならないからです。

難民の問題に直面して、わたしは自分たちがどれほどEUのもたらす自由——移動の自由や商品の流通の自由、サービスの自由――を当然のように利用しているか、あらためて意識しました。パスポートを提示する必要のないシェンゲン圏と呼ばれるものがあることをわたしたちは知っています。難民たちの状況を見て突然気がつきました。ほんとうは外の境界線があって、それは守られなければいけないのだ、と。たとえば次のようなアンケートをとったとしましょう。「ドイツと国境を接している国を挙げて下さい」――わたしも回答者に加わります――そうすると、わたしたちはドイツ連邦共和国の隣人についてはよく知っているという結果が出るでしょう。しかし、シェンゲン圏が国境を接する国々についてはどうでしょう。北極からノルウェー、ロシア、ウクライナ、ジョージア、ベラルーシ、トルコ、シリア、ヨルダン、リビア、レバノン、チュニジア、モロッコ、アルジェリアなのです。こうした隣接地域の問題を少し顧みてみることは間違いではないでしょう。それが義務でもあると、わたしたちは学んできました。これも、教育の中身でありえるのです。

V　難民危機とその結果

人々の連帯と開かれた社会とは矛盾しない

二〇一七年一月二十三日、バイエルン州ヴュルツブルクにて

難民危機はアンゲラ・メルケルとキリスト教会との関係、とりわけ政治参加する教会員との関係を変えた。カトリックの側には長いこと、東独出身のプロテスタントであるメルケルに対する懐疑の念が存在していたが、社会的な意識を持つ多くの信徒たちは彼女の難民政策を支持した。これまで彼女の在任期間にはけっして聞かれなかったような賞賛の声が、枢機卿や司教からも届けられた。同時に、この時期にはメルケルに対して強硬に敵対する陣営も育っていった。それは、保守だと自認しつつも教会との結びつきの薄い人々である。これはバイエルンにも当てはまる。メルケルがフリードヘルム・ホーフマン司教に招待されてヴュルツブルク司教区のレセプションを訪れたとき、二千人のゲストたちから熱狂的な拍手で迎え

られた。いつもならCSU〔キリスト教社会同盟、CDUの姉妹政党で、バイエルンを本拠地とする〕が先頭に立って示すようなバイエルンの逆風と疑念は、そこではまったく感じられなかった。イベントが行われたホールの前では、「歓迎の文化」に反対してではなく、難民申請者の国外追放に反対してデモが行われた。〔難民としての要件を満たさないと判断された人々がドイツを出国させられていることに対し、リベラルな人々が反対している〕

わたしたちは今日、いくつもの新しいチャレンジに直面して、自分たちの態度や価値観について非常に多くのことを議論しなければならない時代に生きているのだと思います。これまで確信していた事柄は、もはやわたしたちが考えるほど確かではなくなっているのです。わたしも、そのことについて考えています。どうしてこうなってしまったんでしょう？　ドイツの統一から四半世紀が過ぎたいま、歴史的には新しい区切りを迎えているのではないかと、わたしは思います。一九九〇年以降、つまり冷戦終結以降、わたしたちは、これは自由主義の勝利だ、世界の隅々まで自由が行き渡るのはもう時間の問題だ、と考えたものでした。ヨーロッパでは不可能に見えていたことが、突然実現したのです。その結果として、わたしが今日、再統一されたドイツでみなさんの前に立っているわけです。

それにもかかわらず、いまは疑念の時代であり、多くの人は、目の届く生活空間においてはある種の復古的状況を望んでいます。これは、二十世紀の悲惨なできごと、第一次世界大戦や第二次世界大戦を経験した生き証人がまもなくいなくなってしまうことと関係があるのだろうか、とわたしはしばしば自問しています。生き証人とは、ショアーをもたらした国家社会主義の陰惨で恐ろしい独裁について知っている人たちです。

何がわたしたちを導くのか、何が大切な価値なのか、若い人々をどう教育し、どう導くのかという問いの前にわたしたちは立たされています。「開かれた社会における連帯」というテーマにおいては、彼我というイメージが浮かんできます。ヴュルツブルクのホーフマン司教は、常にバランスを取らなければいけないという話をされました。連帯と開放を同時に問題にすること自体が矛盾ではないのか、と自問する人もいるでしょう。わたしは、矛盾ではないと思います。この二つの概念は、同じメダルの両面であり得るのです。

みなさんは今日、司教区のレセプションで、あることをしましたね。扉を開いたのです。そして、自分と同じような人たちだけではなく、政界や財界、さまざまに異なる連盟や組織のゲストを招待しました。このレセプションには、それぞれ違った個人的背景を持つ人々が集まっているわけです。そのことがすでに、大規模な連帯がここで実現していることを示しています。このようなレセプションが、出会いと対話の場を提供するのです。きょうのレセプションだけでなく、たくさんの場にそのことが当てはまります。

互いに心を開き、他者と関わり、他者の目で世界を見てみようとすること――それはすばらしい体験であり、しばしば自分の地平を広げてくれます。骨が折れることでもあるのは、認めます。インターネットの時代には、気楽に自分と同じ意見の人とだけ会話するということも可能なのですから。興味深いのは、個人的に知り合えるよりもずっと多くの人たちがネット上にいるということです。ネットばかり見ていると、やれやれ、みんな同じように考えているんだな、と思うようになります。でもひょっとしたらその人はたった一つの泡のなかにいるのかもしれません。そしてまだ何百、何千という別の泡が存在するのです。だからこそ、互いに関わり合うことはとても重要です。

まさにこの場が司教区のレセプションなので言わせていただきたいのですが——神の被造物であるわたしたち人間が一人一人異なっているという事実が、わたしたちを導いています。そのことがわたしたちの社会を豊かにしているのはすばらしいことです。ですからわたしたちは、人によってできることが違うからといって、嘆いたりするべきではありません。いろいろな能力や技術や弱さを持った人たちの共同体から何かが生まれる、それが人間的な社会なのです。そのためにわたしたちは、いつもくりかえし関わりあわなければいけません。

世界が一緒に成長していくように見えるこの時代にも、もちろんそのことは重要です。わたしたちはそれをグローバリゼーションと呼んでいます。今日体験していることは、人間の歴史における最初のグローバリゼーションというわけではありません。しかし、デジタル化との組み合わせという点ではまったく新しい発展ですし、それはみなさんもたくさんの生産ラインに関して実感しておられることでしょう。もしあなたが、髭剃り器や洗濯機、あるいは何でも日常生活で使われているものに関して、それが製品としてわたしたちに買われるまでにどれくらいたくさんの国を通過してきているかをご覧になれば、いささか扱いにくい「価値創造の連鎖」〔素材に手を加えることで商品価値を増していくこと〕という言葉が、わたしたちがどのように価値を交換しながら生きているのかを示すことに気づくでしょう。

　デジタル化はさらに、わたしたちが関心を持つあらゆる情報を家庭にもたらします。しかしそれだけではまだ価値のシステムに結びつきはしません。それだけではまだ、すべての情報をどう整理すべきか、何が自分にとって重要で何がそうでないか、何を一日以上覚えておき、何をすぐ忘れてもいいのかがわかりません。しかも、これはまだお話ししていませんでしたが、事実と見せかけて送られてくる多くの情報が嘘だったりするのです。

　たくさんの刺激がわたしたちめがけて突進してきて、日常生活における具体的な変化をもたらすのです。デジタル化に感激している人たちもたくさんいます。若い人たちがスマートフォンやタブレットを扱っている様子を見、それによって何が可能か、どうやって待ち合わせしたり、意見を交換したり、家族がラインで連絡を取り合ったりできるかを理解するならば、これはすべてすばらしいことだと思うでしょう。しかし、仕事の世界も劇的なスピードで変化しています。この世界のなかで自分に居場所があるのか、明日もまだ大丈夫なのか。学ばなくてはいけないことが多い場合それについていけるのか。こうした点において、誰もが自信を持っているわけではありません。

　何でも早く手に入りさえすれば人間の生活がよくなる、とはいえません。生活のリズムと実際の生活時間がどこかで乖離してしまうことにもなるのです。これは不安にさせる現象ですし、何が有効なんだろう、一、二年のあいだにわたし自身やわたしの生活はどうなってしまうのだろうという問いを生み出すことにもなります。そうした問いへの答えが人によってまったく異なるのも当然のことです。引きこもって自分のことだけに集中したがる人もいます。変化に飛び込んでいく準備があり、それが人生を豊かにしてくれると感じる人もいます。

わたしは自分たちが変化を拒むのではなく、そこに飛び込みつつも、一つのことによく留意するよう、促したいと思っています。すなわち、技術や情報やコミュニケーションの変化はそれ自体が目的ではなく、人間が自分で決定し、自ら秩序を形作るという課題と常に結びついています。率直に申し上げますが、これはわたしたち政治家にとっては途方もない挑戦です。なぜなら、政治的な防御策を決める前に、新しい技術の発展、たとえば国際金融市場における新しい発展について知っていなければならないからです。つまり、絶えず学び続け、社会が人間的に形成されるように気を配っていかなければなりません。わたしたちにとって、とてもレベルの高い要求です。

そうした挑戦には、次のような態度で着手すべきでしょう。技術革新や世界的な競争に対してオープンであること。わたしたちドイツ人に限らず、人類すべてがグローバル化を達成できると確信すること。そうした確信とともに、グローバル化の形成に携わっていくべきです。

しかし、二〇一七年のこの日々、ずっと以前と同じ問いが出されています。外界との隔絶、保護主義の時代が来るのか？　つい最近、中国の国家主席が保護主義と隔絶についてとても印象的なイメージを提示しました。彼は、「それは暗い部屋のなかにいるようなものだ」と言ったのです。暗い部屋に閉じこもる人間は、雨や風から身を守ることはできますが、同時に光や空気からも切り離されています。わたしはこの比喩が気に入りました。ついでに言えば、わたしたちはしばしば中国と、どのようにすればすべての人が同じ条件の下で生活できるのかについても議論しています。少なくとも、わたしたちが開放政策に乗り出さなくてはいけないことは明らかです。そのことは力説したいと思います。

では、連帯についてはどうなのでしょう？　昨年と一昨年、ドイツにやってくるたくさんの難民に直面し、わたしたちは連帯というテーマにおいて大きなチャレンジの前に立たされました。戦争や迫害、暴力から逃げ出した大量の人々の運命は、グローバル化された世界が恐ろしい悲劇をも運んでくることを示しました。ちょうどこちらに伺う途中に、わたしはまたシリアのアレッポの恐ろしい状況について耳にしましたが、それに対する援助についても聞きました。ドイツは昨年だけで約六億ユーロをシリアと周辺国のため、世界食糧支援機関（国連ＷＦＰ）に拠出したのです。この資金は、東アレッポと西アレッポの人々に温かい食事を与えることに役立っています。目下のところ、シリア人の二人に一人が国際的な援助に頼っています。

わたしたちはそれと同時に、たくさんの難民をドイツに受け入れました。約五百万人の人々が、シリアを離れなければいけませんでした。その人たちの大部分はレバノンやヨルダンやトルコにいます。いま現在、第二次世界大戦以来かつてなかったほどの数の人々が、難民生活を送っていることがわかっています。わたしたちに課されているチャレンジは誰の目にも明らかです。

まず初めに、教会、援助組織、さまざまな組織の常勤職やボランティアのみなさん、市町村や郡、州、そしてまさしくここバイエルンのみなさん――というのもほとんどの難民はまずバイエルンにたどり着いたからですが――それらの方々がしてくださったことに対して、あらためて心からの感謝をお伝えしたいと思います。わたしたちはこの間に、多くのことを学びました。多くを学んだ結果、昨年は難民の数が著しく減少する状況を達成しました。これは、ドイツが行ったさまざまな交渉の結果でもあります。ＥＵがトルコと結んだ協定〔トルコに難民を留めておくためにＥＵが資金援助するというもの〕があまり好まれていないことは承知していますし、しばしば批判的に議論されていたのもわかっています。しかしその協定は不法な状態を脱するための一歩でした。難民となった人々は仲介業者に頼っていましたが、業者は情け容赦なく彼らを危険な目に遭わせ、金を要求し、搾取していたのです。こうした不法な状態から人々を脱出させ、仲介業者への依存を阻むことが重要でしたし、いまも重要です。国家の行動は不法であってはなりません。わたしたちは事態を合法的な状態へと転換しなければいけません。命の危険を冒すうえに何の保護も見いだせないのでは、当事者となった人々を助けることにならないからです。

一年前、最初の数か月のうちにエーゲ海だけで約四百五十人が溺死し、昨年は全部で四千五百人以上が地中海で命を落としたという事実を見ても、わたしには受け入れがたい非合法な手段以外の方法で、難民の援助を行わなくてはいけないのは明らかです。

わたしたちは困難な課題に直面していますが、この課題を引き受けないわけにはいきません。ドイツは法治国家です。法治国家は助けを必要とする人に援助を提供します。しかしこの援助を今後も続けるために、法治国家としての手続き上ドイツに滞在権を持たない人々に対しては、この国を退去せよと伝えなければいけません。このことも、すべてのプロセスに秩序とコントロールを与えるために必要です。わたしたちは政治の世界において、共に学んできました。すなわち、早く決定を下せば下すほど、当事者にとっては好ましいということです。一家族全体を何年間も自治体で受け入れて世話をし、その土地での人間関係ができたあとになって国外退去を通告することほど、残酷なことはないからです。ですから決定は、より早く下さなければいけません。

ドイツにとどまる権利を持つ人に対しては、社会への統合という大きな課題が残されています。この点においてもわたしたちは多くのことを推進し、心を開き、相手を理解しようとしてきました。相手を理解する準備は、双方の側になければいけません。しばしば申し上げていることですが、もしわたしがシリアやアフガニスタンからドイツ連邦共和国に来た人間であれば——想像してみるだけでもわかりますが——ドイツでは秩序や規律がどうなっているのか、すぐには理解できないでしょう。難民にとってそれが簡単ではないことを、わかっていただきたい。ドイツの統一が完了したあとも、東の人間にとって、こちら〔バイエルン州を含む旧西ドイツを指す。メルケルは旧東ドイツ出身〕ではすべてがどうなっているのかを理解するのは簡単ではありませんでした。現在のドイツは、多くの人たちが逃げてきたいと思う国になっています。ここには秩序があり、法と人間の尊厳が保証されています。だからこそわたしたちはドイツに来る人々に対しても、法秩序とドイツの基本法を守ることを期待しますし、宗教の自由や言論の自由や人間の尊厳を守るためには、単なる寛容さだけでなく他者への敬意が必要であることを理解するように求めます。互いへの敬意がある場所でのみ、平和な共生のなかで秩序が生かされるのです。

　そのため、二極化やポピュリズムによってこれらの問題を解決しようとしても将来性はないと、わたしは考えています。むしろ、問題は具体的に解決されるべきです。しかしわたしたちは、ドイツ連邦共和国の基本方針に自分が納得していること、そして他者に対しても、この方針が持続可能な共生を可能にするものであると納得させたいのだ、ということを示さなければいけませんし、示すことができるはずです。

　そうしてわたしたちは――こうした局面は新しいことですが――どこから来るものであろうと、民主主義を攻撃してくるものに対して、はっきりと対抗しなければいけません。そうした攻撃を力強く迎え撃ち、勇気を示し、わたしたちが勇敢であることをはっきりと示すべきです。まず政治が模範を示さねばなりませんが、ドイツをこれほど成功させた民主主義の価値を守るために、一人ひとりの国民も絶えず戦っていくべきです。その価値こそが開かれた社会ということであり、同時に共通の法秩序への結びつきでもあります。

ご出席のみなさん、もちろん――昨年ここヴュルツブルクで起こり、アンスバッハやベルリンのブライトシャイト広場でも起こったことですが――イスラム教徒によるテロは、まさにそれがもたらした恐ろしい結果を見るにつけ、わたしたちにとってたいへんな挑戦となっています。理解を超える事態によってフランスが直面させられ、ベルギーでも重要な意味を持っている挑戦です。国際的な協力によってそれに対抗すべきことが、わたしたちにはわかっています。市民のみなさんが、ドイツでの共生のために、自由な社会のなかでもできるかぎり安全が保障されることを期待するのは、当然のことです。

そのためにわたしたちは決然と、多数の法律改正を成し遂げました。その措置はまだ終わったわけではありません。これはしかし、絶えず政治的に議論する必要をも意味しています。ここで率直に申し上げますが、わたしたちの安全のために命を差し出している人たち、すなわち警察官や消防士たちは、わたしたちが彼らを支え仕事に専念させるのだ、と信じる必要があります。この分野で働く人々の数を増やすことも重要ですし、わたしたちの生活様式を破壊しようとする人々と彼らがほんとうに戦うことができるように、彼らに必要な装備を与えることも重要です。わたしたちの自由はそれによって保障されるのです。

それは、些末なことにも当てはまります。以前は電話の盗聴によって行われていたことが、今日ではSNSのなかで何が起こっているかを理解することにつながります。もしテロリストたちがラインのグループを作って、国家にはそれを監視する能力がなく、テロリストたちを固定電話で監視しようとするならば、彼らはもちろん固定電話は使わず、ラインでコミュニケーションをとるでしょう。ですから、公安当局には正しい武器を与えねばなりません。そのために、わたしたちは政治的レベルで戦っています。このことは一般の人々にも理解してもらえると、わたしは考えています。人々の結びつきは――この例からもわかるように――厳しい試練に遭っているのです。要するに、わたしたちは秩序正しくこのことを乗り越えようとする過程にあり、自分たちについて多くのことを学ぼうとしているのだと思います。

人と人との結びつきは――それを連帯と呼ぶこともできますが――わたしたちの国ではくりかえし大きな力となってきました。ですからわたしたちには――学ばなければいけないことも多くありますが――自覚と自信を持つ根拠があります。ドイツでは三千万人以上という、ボランティアに携わる人の多さが、とりわけそのことを示しています。これがネットワークとなって、国家が何か見落としていたり、手が回らなかったりする場所で、さまざまな状況にある人々のための人脈を形成し、困難な状態にある人を助けたり、たとえばスポーツにおいて考えた場合、人々を未来へ導いたりするのです。ボランティアのこのネットワークをわたしたちは誇っていいと思います。教会全体に感謝していますが、特に今回はボランティアを促進する活動に対して、カトリック教会のみなさんに感謝を伝えたいと思います。

人と人とのつながりは、いま現在ドイツの経済状況が非常によく、連邦共和国の歴史において最高の数の職業従事者がいるという事実にも支えられています。国家の財政は安定しており、働き手の数が多いおかげで新しい借金をする必要もなく、わたしたちの子や孫の世代に自由な活動の余地を残す前提が満たされているのです。わたしたちは過去に、すでに充分な借金をしてしまいましたからね。とはいえ、どうすればすべてがもっとよく運営され、もっとよくなり得るかについて、多くの人たちがもっともな指摘をしているのをわたしは承知しています。社会的市場経済は、グローバル化の条件の下、将来はふたたび多くの挑戦にさらされることになるでしょう。

連帯は、異なる世代間の連帯をも意味しています。連帯は、さまざまな地位にある人々の連帯も意味します。所得の格差、人生における保証の格差が多くの人を悩ませています。長いあいだ、人は当然ながら次のように言うことができました。「もしわたしの子どもたちが勤勉なら、きっとわたしよりよい生活を送ることができるだろう」。あまりにも多くの変化が起こっているため、今日ではもはや、以前のように単純に、こうした確信を持つことはできません。「よりよい生活」とは何でしょう？　一軒の家を建てるのにいくらかかるかという問いの答えは、過去三十年のあいだにずいぶん変わりました。就職できるかどうかという問いの答えも大きく変わっています。子どもたちの学歴の方が高いのに、職業生活においてただちにより大きな保証が得られるとは限らないのです。

以前はどんなにひどかったかということばかり語っていても意味はありません。むしろわたしたちには、人生設計や家族計画についての若い人々の悩みを、介護や病院に頼らざるを得ない人々の悩み同様、真剣に捉えなくてはいけない充分な根拠があります。こうした悩みを真剣に捉えて初めて、わたしたちは社会的市場経済を現実に、信用できるものとして創り出すことができます。

その際、政治はもちろん中心となる役割を担っています。果たせないような約束をすることはできるかぎり避けるべきですが、ともかく問題と取り組まなければいけません。わたしたちの開かれた社会にとって重要なのは、政治がものごとに取り組み、可能性を開いていくこと、しかし同時に人々に対してどう生きるべきかなどと指示はしないということです。それは個人の決断に委ねられているのですから。

そこでわたしたちはただちに、開かれた社会におけるつながりの核心部分である家族の問題に到達します。わたしたちは——ここではＣＤＵの党首の立場でお話ししますが——政党の基本綱領において、家族とは両親が子どもに、子どもが両親に対して継続的に責任を担う場所である、と記しています。それはとても緊張を強いる事柄です。そもそも政治が強制できるようなことではないからです。政治は多くの責任を時限付きで定めることはできますが、家族というものは両親が子どもに対して、子どもが両親に対して、人生の始めから終わりまで担う責任を意味しています。そこには祖父母も入ってきます。今日ではどっちみち、祖父母なしでは生活が立ちゆかないことさえあるのです。

そんなとき、わたしは好んで冗談交じりに言うのですが――どうか悪くとらないで下さい――多くの人たちは祖父になって初めて、小さな子どもと過ごすのがどんなにすてきかに気づくのです。というのも、父親だったときには子どもと過ごす時間がなかったからです。これも新しい経験です。わたしの長年の同僚であるミヒャエル・グロースがいま聴衆のなかにいるのを見つけましたが、彼もうなずいていますね。というわけで、わたしも満足です。

家族に関しては、注意深く扱う必要があり、サポートをしていかなければいけません。それがどのようなサポートであり得るかは、もちろん政治的な検討の対象となります。しかし、家族の物質的な状況と並んで、今日では時間という問題が家族にとって中心テーマになっているとわたしは思います。職業と家族の両立の問題です。わたしたちは常に――バーバラ・シュタムもわたしと同意見ですが――家族がどう生活すべきかを規定すべきではないと発言してきました。働く母親にフォーカスが向けられて批判されるべきでもないし、母親や父親が子どもの教育のために二、三年の育児休暇をとり、仕事が控えめになる際に、彼らに対して社会的な追放を言い渡すべきでもありません。自由な決定への勇気を持ちましょう。わたしたちは政治のなかで、人々が望む生活のモデルをできる限り追い求めることができるよう、助けたいと願っています。それが子どもたちにとっても一番良いことだと、わたしは信じています。

わたしたちはくりかえし児童手当を引き上げてきましたし、扶養手当や育児休暇を導入し、育児へのサポートを強化しました。わたしたちは介護の分野においても非常に多くのことを、まさしくこの立法府の任期において成し遂げてきました。しかし、国家の業績に加えてここでもう一度申し上げたいのは、介護に際して一番の重荷を負っているのがほとんどの場合、家族であるということです。これも、ドイツ社会における人のつながりの一形態です。

わたしたちは、少なくともわたし自身は、人々が犠牲の精神に溢れて家族のために人生の最後の段階まで関わり続けたり、介護士たちが介護施設で仕事をしたりすることに、最大の敬意を払っています。わたしたちは官僚制度を縮小し、人間への配慮に権力をより集中させ、認知症の患者もよりよく世話してもらうことができるように介護の定義を変えよう、と試みてきました。でも結局は、人間的な介護は政治だけでは実現できません。だからこそここで、この分野で働いたり介護したりしておられるすべての方に、心からの感謝をお伝えしたいと思います。

人とのつながりと連帯は、世代間にも反映されます。わたしたちは複数世代間のシェアハウスにおいて、多くの都市でうまくいっている例を見出しました。今日ではもはや、大家族がごく自然に一軒の家で暮らすことはなくなってきていますが、シェアハウスでは異なる世代が一緒に暮らすことができるのです。

人口の変化に目を向けた際の中心的なテーマはもちろん、年金システムです。これは今後の数か月間にまた重要な役割を演じるでしょう。わたしたちは高齢者に、どのようにして安心を提供できるでしょう？　基本的に高齢者の貧困問題において一番リスクを負っているのは、職業生活の途中で病気になり、キャリアを全うできなかった人々であることが、分析の結果確認されました。そのためにわたしたちは再度、生計能力の減退に伴う年金の改善を行いました。しかし、わたしたちには次のような課題もあります。子どもを育てた人に対しては、どのようにすればフェアなのでしょう？　子育ては年金システムにどう反映されるのでしょう？　ここには、州議会議長として母親たちの権利に対する公平性を勝ち取ろうと戦っておられる女性も座っておられます。どのようにすればわたしたちは、あまり若くない人々、より多くの年配の人々を前に、若い世代に負担を掛けすぎることなく、将来年をとる世代に対しても公平性を保てるのでしょうか？　それはわたしたちを非常に悩ませている問題です。これらの問いは社会における人のつながりと多くの関係があります。

このことはつまり、社会の内部における開放と連帯という問題が、外に向けての開放だけではなく、一つの社会のなかのさまざまな生活状況に対する開かれた態度にも関わってくることを意味します。そこではもちろん、社会生活に参加するチャンスへの問いが巨大な役割を演じます。そこではふたたび教育が鍵となってくるのです。これは本質的に、連邦共和国の各州にとっての重要テーマです。〔ドイツでは連邦主導ではなく、州単位で学校教育が行われている〕

そのため、ここでは一つの局面だけに話を絞りたいと思っています。わたしは、宗教の授業は現代において重要性を失ったのではなく、むしろより重要になったと思っています。なぜなら宗教の授業では、良心の問題、心の教育が大切になるからです。宗教はわたしたち自身の人生に関わるだけでなく、それ以上に、最初に申し上げたような神の被造物としてのわたしたちの人生の大きな関連性を扱うからです。わたしたちが今日において感じるのは――少なくともわたし自身はそれを感じていますが――絶えず、自分では作り上げることのできない、歴史や確信や信仰に基づく前提によって生きているということです。その前提がわたしたちを未来まで運び、自己中心性から一歩外に踏み出させてくれるのです。

わたしたちの自由主義的な基本秩序は、常に他者への責任を念頭に置いたうえでの自由に照準を合わせています。そしてまさにそれゆえにこそ、わたしは宗教の授業を非常に重要と見なしているのです。

わたしたちは開かれた社会と隔絶、連帯と孤立のぶつかり合う場所に立っています――答えは明らかです。わたしたちはドイツ連邦共和国の歴史においてすでに、社会的市場経済や、どの個人の尊厳も不可侵であると書かれている基本法によって、よい道を切り開くことができると示してきたと思います。もしかしたらわたしたちは少し意気消沈していて、そのために過去よりも現代において、そのことが難しく感じられるのかもしれません。しかし、ドイツ連邦共和国の初期のころに目を向けてみるだけで、ヒントは充分に得られます。

基本法の父たちや母たちが、あらためて国の形を作らなければならなかったドイツ連邦共和国とは何だったのでしょう？　瓦礫となった都市を前に、物質的な意味においてそれは何という破壊と混乱だったことでしょう？　そして精神的な意味において、恐ろしいイデオロギーを前に？　そこから何が出てきたでしょう？　いまわたしたちは、若い人々、子どもたちや孫たちを見るとき、当然ながら次のように言うことができます。「わたしたちも未来のチャレンジを受けとめていく」。

　今年、わたしたちは「宗教改革五百年」の記念の年を迎えます。福音主義教会とカトリック教会がエキュメニカルな結びつきの深さを反映するたくさんの形を見つけてくれたことは、わたしたちがいわば歴史からも力を汲み取れるという一例を与えてくれます。わたしは最後に、ローマ教皇フランシスコの言葉を引用したいと思います。彼は今年の元旦に、「わたしたちが町のなかで居場所を見出し、共同体のなかで一つになって支えあっていくことができるように、一体感と、ここに根ざしているんだという帰属感を与えてくれる共同体の場所を創り、育てていこう」とアピールしたのです。このアピールに従うとき、わたしたちはきっとそれぞれ異なった方法をとることでしょう。しかし、他者に向かっていく際の開かれた姿勢というものは、どんな場合でもここで言われている共同体の一部です。ですから、わたしは開かれた社会における連帯に賭けていきます。わたしたちの誰もが、そこに自分なりの貢献をすることができるのです。

自律要求と自立支援による統合

二〇一六年四月十四日、ベルリンにて

アンゲラ・メルケルは定期的に、ドイツ・カリタス会の年次パーティーを訪れている。カリタス〔隣人愛〕とは、「わたしたちにはできる」というメルケルの有名な言葉の、日常生活における翻訳のように見える。最初の受け入れから社会への統合にまで至る、難民危機と共にドイツに押し寄せたあらゆる問題は、カリタスによって――嘆いたり文句を言ったりするかわりに――取り組まれている。それゆえ、カリタスはさまざまな社会組織においても、批判者ではなくこの問題において彼らを支援してくれる人々に出会うことができる。カリタスは頑固に連帯を――ヨーロッパの隣人たちにも――要求する。それは多くの人を驚かせる頑固さであり、必ず報われるように思える頑固さでもある。

わたしたちは、（この国への難民の受け入れに際して）どれほど途方もない課題を果たさなくてはいけないのかについて、しばしば話をしてきましたし、いまも話しています。他のヨーロッパ諸国に目を向けてみても、それが他者と比べてやはり大きな課題であることがわかります。地図を眺め、いわゆるシェンゲン協定〔ヨーロッパ国家間で検査なしに国境を越えることを許可。一九八五年に始まる〕によって旅行の自由が保障されたヨーロッパの空間がどこなのかを見れば、そして、わたしたちの隣人を眺めるならば、シェンゲン圏におけるギリシャの隣人がトルコであるだけでなく、キプロスの隣人がシリアであることもわかります。シリアの隣人たちがどんなことを成し遂げたかについても見てみましょう。レバノンのような、人口五百万足らずの国が百五十万人の難民を受け入れ、ヨルダンのような人口七百万の国が百万人の難民を、トルコのような人口七千五百万の国が二百七十万人の難民を受け入れたのです。それに比べると、人口五億のヨーロッパがシリア難民をほぼ百万人未満しか受け入れていないというのは、ささやかな数に思えます。これは、どこに課題があるのか、世界を旅して人々に民主主義や連帯、公平、個人の自由や人間の尊厳に関して説明する際に、その信憑性はどこにあるのかを言うために、わたしがいま一度念頭に置いているパースペクティブです。いま挙げたような民主主義の価値観がわたしたちを導くのでなければいけません。

わたしたちは、経験から多くを学ばなければいけません。わたしたちは一つの世界に生きています。この世界はけっして理論的な形象ではなく、実際的な行動を行うよう要求してきます。わたしたちは難民を生み出す原因と戦わなければいけません——政治的交渉によって、賢い開発援助によって、その他の措置によって——そうしなければ、難民を生み出す圧力はより強まるでしょう。つまり、わたしたちは自分たちの安全だけではなく周囲の安全をも保証するために、いまよりもずっと多く、ヨーロッパの地域を越えて目配りをしなくてはいけないのです。まずはここや向こう側での助けを通して、そして——はっきりと申し上げたいのですが——非合法との戦いを通して。仲介業者や闇商人がわたしたちの人道支援の規模を決めるような状態は、許されません。むしろわたしたちは合法的な活動を促進し、責任を果たすことで、人命を救う努力をすべきです——今年だけで、すでに四百人の命がエーゲ海で失われているのです。このことについては、これからの数年間、多くの議論を行うことになるでしょう。

隣人たちを眺めるならば——北極圏からロシアを越えて、白ロシア、ウクライナ、モルドバ、ジョージア、トルコ、シリア、レバノン、イスラエル、エジプト、リビア、チュニジア、アルジェリア、モロッコ——この隣接地域には紛争の火種がたくさんあり、それを解決するためにわたしたちも政治的な貢献をしなければならないことがわかります。その際、EU全体に問いが向けられるのです。

ヨーロッパの向こう側を眺め、グローバル化に参加する大きな国々がそこにあることを見るなら——十億人以上の人口を持つインド、中国、強力な合衆国——わたしたちも次のことを悟るのです。もしEUが共通の価値のために戦い、キリスト教やユダヤ教の伝統に彩られた旧大陸についての自己理解をいまよりもう少し目に見える形にしていくために共に活動することをしないなら、世界の発展の多くが、わたしたちを素通りしてしまうでしょう。だからこそいまは、この価値がどれほど信じるに足るものであるかが決まる時期でもあるのです。

統合――難民たちがやってくる社会では、社会を開放することが求められます。しかしそれは同時に、やってくる者、わたしたちの社会に入ろうとする人たちの課題でもあります。彼らの体験を活かしつつ、わたしたちの法律の基礎に基づいてもいなければならないのです。そういうわけで、統合に関する法律は、難民が働ける新しい可能性を備えた、自律要求と自立支援の法律になります。

何十万という難民のため、迅速に職場を用意できるような前提を創っていくことになります。わたしたちは――難民がドイツにとどまれる見通しの大きさに従って――さまざまな教育のオファーをする予定です。職業訓練のための準備から、いろいろな職業訓練モデルと、二年間ドイツで働ける可能性と結びついた確かな職業訓練、そしてドイツにとどまれる見通しの少ない難民に対しても、オリエンテーションのコースと、故郷に帰っても役立つような学びの機会を与えるのです。

わたしたちはドイツ語コースを改善し、集中コースを増やし、とりわけ誰もがすぐドイツ語コースに入れるように心を砕いていくつもりです。もし統合プログラムの枠組みに積極的に参加するなら、ドイツにとどまれる見通しが大きくなるようなボーナスもつける予定です。他方で当然のことながら、もし義務が守られなければ、統合のオファーも必然的に削られていくことを明らかにするでしょう。これらすべて、すなわち自立支援と自律要求が、統合に関する法律の枠組みを形作るべきです。わたしたちはそれによって、新しい道に踏み出すのです。これまでは、そのような法律は存在しませんでした。しかし、最初から移民の統合に焦点を合わせないのはよくないことだった、と過去数十年間のあいだに気づかされたのです。

次に、この年次総会での二番目の大きなテーマに移りましょう。まだそれほど多くの難民が来ていなかったころの問題、いまでも続いている問題を視野に入れるのは、正しいことですし重要なことでもあります。そうした問題の一つが、人口の推移を見たときにわかる世代間格差というテーマです。このことについて、いわば声高に警告したり、考えられるあらゆるリスクを挙げたりして人々を怖じ気づかせてしまうのではなく、議論を通じて勇気が湧いてくるような形でカリタス会のみなさまが活動してくださっていることに、心から感謝したいと思います。このような精神において、みなさまは議論を導いています。それは、あらゆる年齢のグループにとって重要なことです。

わたしたちの社会における共生は、個々の世代の勢力が変わっていくなかで大きなテーマとなるでしょう。異なる世代同士が不信感を抱いて対峙するならば、社会的共生はうまくいきません。ですからわたしたち政府の側としても、すべての世代を視野に入れつつ、それぞれにふさわしい——それが課題ですから——法律的予防措置を講じるよう、試みています。

とりわけ連邦保健省によって、しかしこの議会の任期中は連邦政府全体によって注視されている介護の分野では、高齢者に関わる問題は、新しい介護の概念にとって非常に重要です。認知症患者は現在、介護においてそれぞれに見合った正しい措置が受けられるようになりました。介護に携わる人々の業績を改善することも――自宅での介護であろうと施設でのプロによる介護であろうと――、年齢に応じた住宅の改築や都市計画、その他多くのことと同様に重要です。

マルクス枢機卿は「人生週間」の開催を宣言され、人間としての尊厳のなかで年をとることの大切さを強調されました。レーマン枢機卿は老年期について次のように言われました。「老年を受け入れることによって、自分が年をとること、老人でいることを単なる衰えと見なすのではなく、独自の生産性を発揮することのできるポジティブな人生の、根源的な一形式と考えることができるようになります」。老年期のあらゆる苦労に際して、この言葉はくりかえし意識されるべきです。人生の真っ盛りにいて、小さな子どもたちや人生の最後のステージにいる人たちを注意深く眺めることのない人たちだって、人生の真っ盛りのことを完全に把握しているわけではありません。だからこそ、世代間の共生はとても重要なのです。

今年は年金が著しく引き上げられることになっています。しかしそれだけでは、今日四十歳や四十五歳の人たちの年金問題が解決されたとはまったく言えません。わたしたちは昨晩、連立政権の委員会で、この問題ともう一度取り組まなければならないということを話し合いました――できるだけ共同で、社会的なグループと一緒に。あまりにたくさんの政治的対決が行われることになったら不毛ですから。

わたしたちは当然ながら、家族と子どもたちにも焦点を絞っています。児童手当から片親家庭への補助、その他多くのことに至るまで、さまざまな給付金を増額しました。しかし、この点についても単に増額するだけでは充分でありません。子育て世帯への励ましがなくてはいけませんし、子どもを持つこと、母となり父となること、仕事と家庭を両立させる可能性について、それを肯定する社会的な雰囲気がなくてはいけないのです。家族を持ちたいという欲求が、社会生活のなかに確固とした場所を得なくてはいけないのです。進歩したなと思うのは、育児休暇や育児手当が父親たちにも与えられるようになった点です。たくさんの革命が起こっています。振り返ってみて初めて革命が起こったのだと気づくこともしばしばです。幼い子どもの世話をすることで満たされている父親たちの感動の言葉なんて、以前はそんなにたくさん耳にすることはありませんでした。しかし、これからもやることはたくさんあります。心のケアに関することも、たくさんやらなければいけません。

信教の自由が持つ高い価値

二〇一六年九月十四日、宗教の自由についての国会議員国際会議にて

信教の自由はここ数年のあいだに多くの国々で激しい弾圧の対象になったため、政治的論争の中心となってきた。すべてに先だち、「イスラム国」とその他のイスラム教のグループが、信仰の異なる人々との戦いを宣言した。いくつもの国で、キリスト教徒の迫害が話題になっている。アンゲラ・メルケルはこのテーマをくりかえしとりあげてきた。しかし彼女はこのことをドイツにも当てはめている。国と宗教との協力的な関係が守られなくてはいけないと彼女は力説する。世俗化された社会においてこそ、互いについての知識を増すために宗教教育が促進されなくてはいけないというのだ。そこには、自分たちの一定の文化的標準を守るために、たとえば全身と顔を蔽ってしまうブルカの着用を拒否することも含まれる、とメル

ケルは言う。〔目以外を隠してしまうブルカについては、ヨーロッパ各地で議論が巻き起こった。イスラム教徒であっても、ヨーロッパに来たなら相手の顔をちゃんと見て挨拶する文化を尊重すべき、との主張も聞かれた。メルケルもこの主張に同意していることがうかがえる〕

差し迫った政治的問題において、批判すべきを批判するというのは一つのやり方です。もう一つのやり方は、望ましい方向へ事態を向かわせるために、具体的な歩みを試みるということです。そのような歩みの一つが、信仰と良心の自由を世界中で強化するために、国会議員たちの国際ネットワークを設立することでした。この団体は短時日のうちに、この基本的権利のための中心的立役者としての地位を確立しています。オスロと、昨年はニューヨークで開かれた会合では、質の高い講演の数々が印象に残りました。ニューヨークの会合ではとりわけ、言葉だけでなく行動も伴わせようとする強固な意志が見てとれました――信教の自由を保護するための長期的な戦略によって、また、信教の自由が制限されたり脅かされたりしている人々への具体的な援助によって。今日の集まりも、それにつながるものです。おいでくださったみなさん全員に感謝申し上げます。

良心と信教の自由は、国連が世界人権宣言の第十八条でまとめているとおり、基本的人権の一つです。これはすべての人が平等に、世界観や所属する宗教にかかわらず有しているものです。ここには、個人が宗教に帰依しそれを実践する権利、改宗する権利、宗教を持たない権利も含まれています。信教の自由はこうした形で、市民の政治的自由に関する国際条約にも書き込まれています。およそ百七十の国々がこの条約を批准しました——もちろん、ドイツもです。

ドイツでは、信教の自由は憲法で保護された権利となっています。基本法に記載された他の自由に関する権利と共に、信教の自由はこの国を形作り、わたしたちにとって好ましく、また貴重でもある中核的領域に属しています。自由に基づくわたしたちの共存は、人間の尊厳に対する敬意に根ざしていると思います。

基本法の発効以来、わたしたちの国は多くの点で変化してきました——社会的にもそうです。ドイツは過去数十年のあいだに、人種的にも文化的にも世界観においても多様化してきました。このこともちろん、信教の自由というテーマに向けて、それにふさわしく以前より強い光を投げかけています——昨年多くの難民たちが安全と保護を求めてドイツにやってきて以来、このテーマはとりわけ大きな注目を集めるようになりました。難民たちがどのような目でドイツを見ているかに関する最初の調査は興味深いものです。ドイツのどんなところを特に評価するかという問いに対して、圧倒的多数の人々が「寛容さと信教の自由」と答えたのです。

それにもかかわらず、これらの価値が持つ包括的な意味を伝えていくことが必要です。多くの難民が、信教の自由が制限された国々から来ているからです。彼らの故郷では、ドイツでは当たり前のことが禁じられているのです。彼らの故郷では残念ながら、反ユダヤ主義とイスラエルへの憎悪が自明のことになっています。ドイツに存在するユダヤ人の共同体が、多くの難民を前にして懸念を表明するのも、充分理解できることです。そのことを、共に真剣に受けとめなければいけません。

同時に、信教の自由が持つ高い価値に対して――宗教に起因する多くの振る舞いが違和感を与えるとしても――常に新しく目を向ける必要があります。信教の自由には、自分の信仰を公にすることと、宗教的な教えや伝統に自分の行動を合わせることも含まれています。これはたとえば服装の規定にも当てはまります。宗教的理由でのヴェール着用を一般に禁止することについての議論の難しさは、このために生まれてくるのです。自由に関する権利は、大多数の人々が望むイメージとは違った生き方をする自由も保障しています。言論の自由と同じく信教の自由は、宗教に起因する行動様式に対してさまざまな見解が存在する場合にも当てはまります。わたし自身は、両目以外をすべて蔽ってしまうブルカは、社会への統合に際して大きな障害になると見なしています。その考えを隠すつもりはありません。というのも、顔が隠されたままだと、個人的に知り合いになり、相手を評価する際に、強い妨げとなるからです。コミュニケーションも阻害されます。コミュニケーションは、言葉だけによるものではありませんから。しかし、信教の自由の制限は、憲法そのものによってのみ――すなわち、基本法第三条、憲法レベルでの共同体の価値、もしくは宗教に対する国家の中立性が傷つけられる際にのみ、行われるべきです。こうした背景に基づき、わたしたちはブルカの着用禁止という問題においては、それが適用される範囲――たとえば公的な仕事において、もしくは裁判において――についての細かい基準を設定する作業を進めています。

この議論は、わたしたちを次のような問いに導きます。正確には何が、信仰や宗教に属するのか？　宗教的な教養は、自己確認のためには避けて通れません――敬意に満ちた宗教の共存のためにも同様です。しかし国家と宗教の分離も、やはり信教の自由の表現です。国家にできること、わたしの見解によれば国家がすべきことは何かというと、よい宗教教育のための前提を作り上げることです。一方では大学の神学部や研究所、センターなどが必要です。牧師やユダヤ教のラビ、イスラム教のイマーム、宗教の先生などはそうした機関の役割を社会で実現する存在です。彼らの職業訓練が、宗教教育という仕事の質を本質的に決定します。他方では、わたしたちは信仰の内容を伝えるための空間を必要とします。わたしは、ドイツ連邦共和国のほとんどの州が定めているように、学校での宗教教育がそれぞれの信仰に基づいて行われることに賛成ですし、ますます増えるイスラム教の子どもたちに対してもそうです。

信仰の中身をよく知ることは、自分の人生に対して成熟した決断をするのに役立ちます。それに加えて、自覚を持って他の宗教を分析し、理解し尊敬することを学ぶのも容易になります。宗教教育がよりよいものになればなるほど、信仰共同体のあいだの対話も信頼できるものとなり、互いの理解もより大きなものになります。

わたしたちは多様な社会のなかに生きています。さまざまな宗教や世界観を持つ人間が、隣り合って暮らしているのです。彼らが互いに心を開いて出会い、互いに折り合い、自分の生活環境のなかで共に責任を担っていくなら、それはわたしたちの平和的共存のための基礎となります。多様性とともに生きることができれば、それは自由の論理的帰結でもあります。その自由は、ある宗教の規律に従って生きる権利も、ある宗教共同体から離れる権利も、一つの宗教から別の宗教へと改宗する権利も、きちんと守られた結果なのです。

逆に言えば、多様性を抑圧することは――わたしたちが歴史のなかで苦労して勝ち取ってきた自由の原則にとって、深刻な結果をもたらすでしょう。簡単な解決がもたらせるなどと勘違いして、歴史の歯車を逆に回すことがないよう警告したいと思います。信仰と良心の自由については、歴史から学ぶことをぜひお勧めしたいと思います。

たとえば遙か以前の、一五五五年のアウクスブルク宗教和議まで振り返るのも、意味のあることでしょう。この和議によって、当時の神聖ローマ帝国内のドイツ民族には、宗教を自由に選ぶことが可能になりました。しかし、この自由を行使する主権は支配者のもとにあったのです。領主たちは、自分が治める地域の宗教を確定することができました。異なる信仰を持つ者には、移住する権利があるだけでした。

信仰による移住に関しては、苦しみに満ちた歴史が存在します。宗教的に迫害された人々が、新しい故郷において大業を成し遂げたこと、たとえば文化や経済を豊かにしたことについては、無視することは許されません。ここで、十七世紀にドイツに逃亡してきたユグノーたちを思い出してほしいと思います。しかしながら、逃亡に先だっては大きな個人的苦難がありました。古い故郷にとどまろうとすれば、最悪の事態を覚悟しなければならなかったのです。逃げることができなかった多くの人、逃げたくなかった人々は、命を失いました。他の人々は逃亡先に行く途中で亡くなりました。家族は引き裂かれました。信教の自由がないという理由だけで、こうしたことすべてが起こったのです。

残念ながら、こうした過去の描写に現代のイメージが結びついてきます。信教の自由に関しては、今日の世界でもひどくなおざりにされている地域があるのです。多くの国において、宗教的マイノリティの権利侵害や差別、迫害は日常茶飯事です。ときには宗教的マイノリティの人々が当該国で目立ったり絶え間ない葛藤を抱え込んだりしないように、一種の自己検閲を行っているのを目撃しますが、それはわたしにとってとりわけ胸の痛むことです。

国家による弾圧が一方にあります。それに加えて原理主義者たちによるテロ組織の暴力も存在します。とりわけテロ軍事組織ＩＳは、あらゆる宗教の人々、さらに言えばイスラム教徒にも敵対して野蛮な行動をとることで、自分たちを誇示しています。中東におけるキリスト教の遺産は熱狂的なイスラム教徒の犠牲になりそうです。この数年間シリアやイラクの多くのキリスト教徒たちが、命を失うのを恐れて故郷を離れることを余儀なくされています。

二〇一六年六月、連邦政府は信教と世界観の自由が世界的にどのような状況にあるかについての、最初のレポートを発表しました。このレポートは具体例を挙げながら、さまざまな国で行政も民間もこの基本的人権を軽視していると伝えています。ときには対等に役所に出入りすることが許されず、ときには宗教的施設を建設する際に不本意な制約を受けるのです。あるいは、支配的な宗教から抜けたり改宗したりすることを望む人間に対して、猛烈な弾圧が行われます。あまりにもしばしば、差別のさまざまな形態が、肉体や生命に対する危害へとすみやかに移行してしまう様子がうかがえます。

現状調査と分析――これは一つの手段です。もう一つの手段は、信教の自由のために実際の活動を行うことですが、これがわたしたちの外交と開発援助活動の確固たる一部分でもあります。その際、ＥＵ参加国政府とのよき協力関係を当てにすることができます。たとえばＥＵ人権委員会のワーキンググループにおいて、ドイツは活発に活動しています。外交関係委員会では、信教と世界観の自由を守り促進するためのＥＵの指針を作成する作業に、ドイツが積極的に参加しました。この指針は二〇一三年に議会で可決されました。いま、ドイツはこの指針を実行に移す活動にも参加しています。

ＯＳＺＥ〔欧州安全保障協力機構〕内において、連邦政府は人権を巡る対話に大きな価値をおいていますが、そこには信教の自由のための活動も含まれます。わたしたちはＯＳＺＥ事務局が民主的な機関や人権のために行う仕事を援助しています。人を派遣し、プロジェクトへの経済的支援を行います。国連の枠内でも継続的に信仰と良心の自由のため、政治的活動を続けています――特に、宗教的マイノリティに属する人々の権利に目を向けています。連邦政府はその際、必要な場合には個々の国における意識の欠如を問題にするために、国連人権委員会のすべての国に適用される国家審査訴訟手続きも利用しています。それに加えて、問題となっている国々の状況について、特別報告者との対話も行っています。

もちろんわたしたちは相互的に、信教の自由が人権の一部であることをくりかえし話題にしています。たとえばそのような対話を中国、イラン、パキスタン、その他の国々と行っています。さらにここ数年間の開発援助活動においては、これまで以上に鋭く宗教に目を向けてきました。そこにはちゃんとした根拠があったと思います。わたしたちが開発プロジェクトを通して出会う圧倒的多数の人々が、自分たちを宗教的、それどころか非常に宗教的だとみなしているのです。保健活動、教育システム、社会奉仕——こうした活動すべてに対して、パートナーとなる国々においては多くの場合、宗教共同体もしくはその救援機関や組織が責任を持っています。緊急時にはそうした機関や組織だけが、苦難に悩む人々の傍らにいることもしばしばなのです。

ですから、どのようにして宗教共同体をより強く開発援助活動に引き込むことができるかを熟考するのは理にかなっています。このことについて、管轄の省庁はすでに戦略をまとめた書類を提出しました。明らかなことは、わたしたちが密接な協力を行いたいと願うのは信教の自由をしっかりと尊重し、たとえば宗教が異なる人々にも援助を行うことができるようなパートナーだけだということです。もちろんさらに望ましいのは、彼らがそこから発展して、信教の自由のために一緒に戦ってくれる人であると証明されることです。

よりよい人生の展望を作り上げることに関して、ドイツには長年にわたるキリスト教会との共同作業の歴史があります。教会は世界中に連絡先を持っています。そう、彼らはキリスト教のメッセンジャーです。しかし彼らは信教の自由のメッセンジャーでもあります――それは、人間の不可分の尊厳から生まれる権利であり、人間はキリスト教の理解に従えば、自由へと招かれているのです。

訳者あとがき

本書は、二〇一七年に出版されたアンゲラ・メルケルのスピーチ集（Daran glaube ich — Christliche Standpunkte）に、二〇一三年に出版された同じタイトルの旧版から、新版にはないスピーチの一つを選んで追加したものの全訳である。二〇一三年、二〇一七年という出版時期を見ていただければ、ドイツ通の読者なら、それが総選挙の年であることに気づくだろう。メルケルが牧師の娘であることはよく知られているが、政治家としてもキリスト教的立場に立ち、キリスト者としての良心に基づいて施政にあたろうとしていることが、この本からはうかがえる。本書の出版には、そうしたメルケルの基本的姿勢を選挙民にアピールする、という目的もあると思われる。

ここでメルケルの来歴をあらためて振り返ってみよう。一九五四年七月十七日、ドイツ連邦共和国のハンブルク生まれ。当時、ドイツはすでに東西に分裂していたが、ハンブルクは西ドイツの大都市であり、そのまま西ドイツで育っていたら、彼女の人生はかなり違ったものになったかもしれない。しかし、彼女が生まれてからまもなく、父親（ホルスト・カスナー、一九二六年生まれ）はベルリン＝ブランデンブルク福音主義教会の牧師として東ドイツに赴任することになった。一家もそれに伴って東ドイツで生活することとなり、メルケルの弟妹も東で生まれている。自由主義の西ドイツから、「宗教は阿片」と発言したマルクスの思想を標榜する東ドイツへ移住した牧師がいたことに驚かされるが、国家は分裂しても教会組織は分裂していなかった、ということなのだろう。東ドイツでは社会主義の政策のもと、牧師の子どもたちは高等教育を受ける権利を制限されるなど、不利な扱いを受けることもあったと聞くが（たとえば作家クリストフ・ハインの経歴にそのような言及が見られる）、ホルスト・カスナーは反政府的な牧師とは目されず、活動の自由を保障され、外国旅行などの特権も享受していたらしい。

成績優秀だったメルケルは、ライプツィヒ大学で物理学を学び、その後科学アカデミーに就職した。しかし三十代半ばで、ベルリンの壁崩壊という歴史的事件を経験。それをきっかけに政治の世界に飛び込み、「民主主義の出発」という組織に短期間属したあと、西ドイツの与党であったCDU（キリスト教民主同盟）のメンバーとなった。さらに、東西再統一されたドイツ連邦共和国の連邦議会議員となり、その直後、第四次ヘルムート・コール内閣において婦人・青年担当大臣に任命される。壁崩壊が一九八九年十一月、ドイツ再統一が一九九〇年十月、メルケルが連邦議会議員となるのが一九九〇年十二月、大臣となるのが一九九一年一月！　あれよあれよという間の大出世である。東ドイツ出身の比較的若い女性を入閣させたのは、コール首相にとっては東西の融和と発展を示す象徴的なパフォーマンスでもあっただろう。彼女はその後、第五次コール内閣にも環境大臣として入閣し、党内での地歩を固め、知名度を上げていく。

ＣＤＵとその姉妹政党ＣＳＵにおいては、ポスト・コールとしてシュトイバーの名が首相候補に挙がっていたが、こうした既成の男性政治家たちが政治献金をめぐるスキャンダルなどで選挙に敗北していくなか、クリーンなイメージで、東ドイツにおいても秘密警察への協力などのネガティブな過去を持たなかったメルケルは、二〇〇〇年にはついにＣＤＵ党首となり、二〇〇五年の総選挙を経てドイツ史上初の女性首相となる。当初はＳＰＤ（ドイツ社会民主党）との大連立、その後、ＦＤＰ（自由民主党）との連立の時期もあったが、第三次政権ではふたたびＳＰＤと連立を組んだ。二〇一五年、大量のシリア難民の入国を認めたことが賛否両論を巻き起こし、人道主義的な政策が高く評価される一方で、特に東ドイツ地域では人々の不満や反発が強まり、右翼政党が台頭するきっかけとなったことは記憶に新しい。二〇一七年の総選挙ではＣＤＵはなんとか第一党の地位を保ったが、単独で政権を維持するだけの勢力はなく、その後の長い連立交渉を経て二〇一八年三月、ようやくＳＰＤとの連立による第四次政権が発足したところである。

二〇一八年九月の現時点において見るかぎり、政局はあいかわらず厳しいと言わざるを得ない。右翼の台頭は著しく、戦後ずっとＣＤＵとＳＰＤの二大政党制で政権交代を続けて来たドイツ連邦共和国の政治地図には大きな変化が生まれている。ＳＰＤが凋落し、八月時点での支持率は十八パーセント。ＡｆＤ（「ドイツのための選択肢」という名の右翼政党）の支持率十五パーセントと接近しつつあり、ヨーロッパ各地で右翼的・国粋主義的政権が誕生している流れがドイツにも押し寄せているように見える。ドイツとフランスはＥＵ（ヨーロッパ連合）の中心的存在であるが、ＥＵ自体もイギリスの脱退が決まり、ハンガリーへの制裁が決まるなど、足並みは乱れてきている。さらにアメリカのトランプ政権が、世界の政治と経済に大きな揺さぶりをかけている。

そのような難局において、メルケルはどんなことを考えながら政権運営をしているのか、という疑問にこの本は答えてくれる。もちろん、キリスト教的な視点に立って行われたスピーチを中心に集めているので、具体的な政策への言及は少ないが、信仰を通して、人としての彼女のあり方が見えてくる。キリスト教的な人間観に基づき、あらゆる人（ドイツ人だけではなく）の尊厳を守ろうとし、「被造物」に対する責任を全うしようとする姿勢。自分たちの世代だけでなく、次世代の繁栄にも配慮した資源の使い方や環境保全を提言し、グローバル化、デジタル化の流れのなかで取り残されていく人がいないように気を配り、人口変動と高齢化の波にも対処すべく努力を続ける誠実さ。こうした多くの政治的課題は日本にも当てはまるところだが、ドイツでは社会的市場経済を重視して共生と福祉を行き渡らせようとしており、彼我の違いを感じずにはいられない。

今回、本書の翻訳のお話をいただき、メルケルの信仰と向き合う機会を得て、彼女に対する尊敬と親愛の気持ちが増した。聖書の講解からはたくさんのことを教えられたし、ヨーロッパの社会と文化の根底にキリスト教があることを、あらためて認識せずにはいられなかった。メルケルがこれほど多くの教会大会やキリスト教組織のイベントに参加していることにも驚かされた。ヘイトスピーチやマスコミ批判が渦巻くドイツにおいて、教会の果たす役割は非常に重要である。（かつて、一九八九年の東ドイツにおける民主化要求運動においても、教会はその拠点となり、大きな役割を果たした。）ドイツの学校教育においては「宗教」の授業が「倫理」という科目に置き換わりつつあるが、「宗教」の授業が維持されることをメルケルが望んでいる、という発言も印象に残った。彼女はキリスト者としての自分のアイデンティティを大切にしつつ、イスラム教徒も排除しない（そもそも信仰の自由を基本的人権として大切にしている）。そして彼女にとっての自由とは、何でもやりたい放題の自由ではなく、他者との共生に基づく責任ある自由である。こうした理想主義・人道主義が、現実の政治とどのようなバランスを保ちつつ発揮されていくのか、今後も注目し続けたいと思う。

なお、本書では evangelische Kirche を福音主義教会と訳している。ドイツでは、ルター派、改革派、合同派などのプロテスタント教会がドイツ福音主義教会に属している。ドイツの人口の四分の一以上にあたる二千二百万人の信徒を持つ（二〇一五年時点）とされる大きな組織である。アメリカの福音派とは異なることをお断りしておきたい。

翻訳にあたっては、新教出版社の小林望社長をはじめ、編集部のみなさまのお世話になったことを感謝します。〔 〕に入れた割注は訳者によるものです。また、ドイツの教会に関する訳語チェックについては、川田洋一さんにお世話になりました。ありがとうございました。

二〇一八年九月

松永美穂

著者　アンゲラ・メルケル（Angela Merkel）
1954 年ハンブルクに生まれ、生後間もなく両親と共に東独に移る。ライプツィヒ大学で物理学を専攻。東ベルリンの科学アカデミーで研究生活を送る。ベルリンの壁崩壊、東西ドイツ統一に際会して政界に身を投じ、90 年キリスト教民主同盟から連邦議会議員に初当選。その後コール政権下で頭角を現す。2005 年に歴代最年少の 51 歳で第 8 代ドイツ連邦共和国首相に就任、2021 年に退任した。夫はフンボルト大学教授のヨアヒム・ザウアー。

編者　フォルカー・レージング（Volker Resing）
1970 年生まれ。ジャーナリスト、著述家。2014 年から Herder Korrespondenz の編集長。また『ツァイト』『ヴェルト』『キリスト者と世界』など多くの雑誌に寄稿している。

訳者　松永美穂（まつなが・みほ）
ドイツ文学者、翻訳家。早稲田大学文学学術院教授。主要訳書にベルンハルト・シュリンク『朗読者』（毎日出版文化賞特別賞）、ヘルマン・ヘッセ『車輪の下で』、ライナー・マリア・リルケ『マルテの手記』、ウーヴェ・ティム『ぼくの兄の場合』ほか多数。著書に『誤解でございます』がある。

わたしの信仰――キリスト者として行動する

2018年11月1日　第1版第1刷発行
2021年12月25日　第1版第8刷発行

著　者　アンゲラ・メルケル
編　者　フォルカー・レージング
訳　者　松永美穂

発行者　小林　望
発行所　株式会社 新教出版社
〒162-0814 東京都新宿区新小川町 9-1
電話 03(3260)6148　FAX 03(3260)6198
URL http://www.shinkyo-pb.com/

印刷所　モリモト印刷株式会社

配給元　日キ販　〒162-0814 東京都新宿新小川町 9-1
電話 03(3260)5670　FAX 03(3260)5637

ISBN 978-4-400-40745-4　C1016　Printed in Japan